AF568251

DR. ARNE EWERBECK

Foodfotografie: Katrin Winner

DR. ARNE EWERBECK

Vegan Know How

006 Vorwort

008 Was heißt eigentlich »vegan«?

010 Der vegane Vorratsschrank

012 Die Sache mit dem Ei

014 Darum ist das Ei in der Küche so vielseitig einsetzbar

022 Das Ei als Aromageber und Emulgator

026 Gibt es vegane Alternativen zu Eischnee?

030 Vegane Ei-Alternativen auf einen Blick

032 Alles Milch, oder was?

034 Das Who ist Who der Milchprodukte

036 Pflanzliche Milchalternativen

040 Warum wird Sahne beim Schlagen steif?

046 Ein uraltes Prinzip: gesäuerte Milchprodukte

054 Wie entsteht aus Pflanzen veganer Käse?

062 Pflanzenproteine satt

064 Wertvolle Proteinquellen in der veganen Küche

066 Für Veganer am besten jeden Tag: Hülsenfrüchte

074 Die Sojabohne: ein echtes Multitalent

076 Große Sojavielfalt: Tofu, Tempeh und Co.

082 Mit diesen Tipps & Tricks schmeckt jeder Tofu

090 Aroma und Textur

092 Das Aromageheimnis der Röststoffe

098 Brühe & Fonds – würzige Essenzen

106 So entsteht eine cremige Sauce

114 Obst und Gemüse

116 Qualität und Saisonalität von Obst & Gemüse

124 Vegane Mahlzeiten intelligent zusammenstellen

125 Das sollte auf dem Teller liegen

130 Gemüse ist mein Fleisch ...

138 Fermentation – alte Technik neu entdeckt

144 Die Kultivierten und die Wilden: Pilze

152 Nudeln, Reis und Co.

154 Nudeln, Pasta und mehr – die große Vielfalt

164 Getreide – kleine Körner mit großartigem Inhalt

174 Kartoffeln & Süßkartoffeln – eine gute Basis

182 Backen ohne Tier

184 Backtriebmittel für einen lockeren Teig

200 Hefe – Dos and Don’ts

212 Nachgefragt

214 Rezeptübersicht

216 Rezeptregister

224 Impressum

Moin,

ich bin Arne und freue mich wahnsinnig, dass du dieses Buch in den Händen hältst! Hättest du mir vor 15 Jahren gesagt, dass ich einmal ein veganes Kochbuch schreiben würde, hätte ich wohl nur geschmunzelt oder vielleicht laut gelacht. Weder habe ich mich viel mit dem Thema Kochen und Ernährung beschäftigt noch mit der Frage, wo Lebensmittel eigentlich herkommen und wie sie hergestellt werden. Ob etwas vegan oder vegetarisch war, hat für mich im Alltag keine große Rolle gespielt und war eher dem Zufall geschuldet.

Während meines Studiums habe ich nach und nach begonnen, mich mehr mit dem Thema Kochen und Ernährung zu beschäftigen und selbst viel in der Küche auszuprobieren. Das Kochen war und ist dabei bis heute ein toller Ausgleich zum Alltag. Besonders spannend finde ich als Physiker immer Fragen nach dem Warum und Wie zu stellen: Warum zum Beispiel tränen die Augen beim Zwiebelschneiden? Wie funktioniert ein Schnellkochtopf? Warum wird Sahne beim Schlagen steif?

Gleichzeitig habe ich mich mit der Zeit mit den Themen vegetarische und vegane Ernährung beschäftigt. Was heißt das eigentlich? Wo kommen unsere Lebensmittel her? Wie werden sie hergestellt und was gibt es für leckere, einfache Gerichte, die ich ohne Fleisch und tierische Lebensmittel zubereiten kann, die auch noch schmecken?!

Für mich steht dabei bis heute neben der Neugierde am Kochen und vor allem beim Essen immer auch der Spaß im Vordergrund. Mit einem erhobenen Zeigefinger kommt man dabei meistens nicht sehr weit. Viel einfacher ist es, mit Geschmack, Einfachheit und einer Prise Wissen zu überzeugen!

Was erwartet dich in »Vegan Know-how«? Neben vielen veganen Rezepten zu jeder Gelegenheit und für jeden Geschmack findest du in den sieben Kapiteln des Buchs immer wieder Hintergrundwissen, viele Tipps und Tricks und den einen oder anderen Einschub für Klugscheißer (und alle, die es werden möchten). Wichtig ist mir dabei, in möglichst einfacher Art und Weise zu erklären, was beim Kochen, Braten oder Backen eigentlich passiert. Und das ist eine ganze Menge: Je genauer du hinschaust, desto mehr faszinierende Prozesse und Eigenschaften offenbaren Zubereitungsmethoden, Zutaten und Lebensmittel!

Das Buch ist in sieben Kapitel gegliedert, die sich jeweils einem spannenden Teil des Kochens und der veganen Küche widmen. Mit dabei sind immer Basisrezepte (mit dem Icon »Basic«), die du in anderen Rezepten wiederfindest. Bei den Rezepten ist es mir wichtig, Gerichte zu zeigen, die du einfach selbst zubereiten kannst und die sich gut in den Alltag integrieren lassen. Darüber hinaus findest du viele Rezepte, Tipps und Tricks, wie du häufig verwendete tierische Produkte in einer rein pflanzlichen Variante zubereiten kannst. Dabei haben Rezepte, die maximal 30 Minuten benötigen, den Hinweis »Schnell«, alle anderen »Braucht Zeit«.

Ich hoffe, ich kann dir mit »Vegan Know-how« ein wenig von meiner eigenen Freude und Neugierde beim veganen Kochen näherbringen!

Arne Ewerbeck

Was heißt eigentlich »vegan«?

Für das Wort und die Bezeichnung »vegan« gibt es keine strenge Definition. Gemeint ist damit in der Regel der Verzicht auf tierische Lebensmittel und tierische Bestandteile in Lebensmitteln. Darüber hinaus kann ein veganer »Lebensstil« auch bedeuten, auf tierische Produkte wie Wolle, Leder und bestimmte Kosmetikprodukte mit tierischen Bestandteilen zu verzichten. Gleiches gilt für Produkte, die zum Beispiel an Tieren getestet wurden.

Das klingt auf dem Papier zunächst sehr einfach und nachvollziehbar, wird spätestens beim Einkauf im Supermarkt aber schon etwas schwieriger. Bei vielen (verarbeiteten) Lebensmitteln ist auf den ersten Blick nicht immer ersichtlich, ob ein Produkt nur mit rein pflanzlichen Zutaten hergestellt und zubereitet ist. Ein paar Beispiele demonstrieren das sehr anschaulich:

- Chips-Sorten werden zum Teil mit Milcheiweiß, Süßmolkenpulver oder tierischem Lab hergestellt.

- Bier, Wein, Fruchtsäfte und noch viele weitere Getränke werden vor dem Abfüllen geklärt, um Trübstoffe zu entfernen. Dazu wird teilweise (tierische) Gelatine eingesetzt.

- Cornflakes können mit (tierischer) Gelatine überzogen sein, damit sie schön glänzen.

- Rote Marmeladen und ähnliche Produkte werden zum Teil mit dem roten Farbstoff Karmin gefärbt. Dieser wird aus Schildläusen gewonnen.

WISSEN ANEIGNEN

Da bestimmte Zusatzstoffe nicht kennzeichnungspflichtig sind (z. B. die zum Klären verwendete Gelatine), kann es schwierig sein zu erkennen, ob ein Produkt rein pflanzlich ist oder nicht. Hier hilft nur das Nachfragen bzw. Informieren beim Hersteller. Mittlerweile kennzeichnen viele Anbieter und Hersteller von Lebensmitteln ihre Produkte. Das erkennst du häufig an Gütesiegeln bzw. Zertifikaten, die ein Produkt als vegan deklarieren.
Lass dich von diesen Beispielen nicht entmutigen oder abschrecken. Es zeigt jedoch, dass tierische Bestandteile nicht immer auf den ersten Blick erkennbar sind. Zu den eindeutig veganen Lebensmitteln gehören zum Beispiel Obst, Gemüse, Getreide, Kartoffeln, Hülsenfrüchte, Nüsse, aber auch verarbeitete Produkte wie vegane Ersatzprodukte für Milch, Käse, Fleisch, Fisch und vieles mehr.

NEUES AUSPROBIEREN

Persönliche Vorlieben beim Kochen, Essen und generell in der Ernährung sind vor allem Gewohnheit und erlerntes Verhalten. In Deutschland und vielen europäischen Ländern sind tierische Lebensmittel wie Käse, Milch, Joghurt sowie Fleisch, Wurst, Fisch und viele mehr seit einigen Jahrzehnten die Regel, nicht die Ausnahme. Entsprechend gewohnt sind wir es, diese Produkte beim Kochen und Essen einzusetzen und zu verwenden.
Mit der Absicht, mehr vegetarische und vegane Gerichte zuzubereiten und in den Alltag zu integrieren, steht man schnell vor der Herausforderung, Gelerntes und Gewohntes hinter sich zu lassen

und Neues auszuprobieren. Eines meiner Learnings aus vielen Jahren als veganer Kochlehrer, Ernährungsberater und begeisterter Hobbykoch: Etwas Neues oder Unbekanntes beim Kochen auszuprobieren solltest du immer als Chance betrachten! Du wirst neue Geschmäcker, Zutaten, Gewürze, Aromen und Texturen kennenlernen. Bestimmt wird dir nicht alles schmecken, aber dein kulinarischer Horizont wird sich in jedem Fall erweitern! Das Großartige und Besondere daran: Wir essen jeden Tag und das in der Regel auch mehrmals. Neue Geschmäcker oder Lieblingsrezepte werden dich so für viele Jahre begleiten.

TOLLER NEBENEFFEKT

Gleichzeitig, und das ist einer der vielen tollen Aspekte veganer Gerichte und einer veganen Ernährung, kannst du ganz einfach dir, der Umwelt, dem Klima und nicht zuletzt den Tieren etwas Gutes tun. Dabei ist es wichtig, dass es gar nicht darum geht, »streng« vegan zu leben und sich dauerhaft zu etwas zwingen zu müssen. Trau dich einfach, etwas Neues auszuprobieren und freue dich über die positiven Nebeneffekte, die damit einhergehen! »Vegan ist, was du daraus machst.«

SO KLAPPT ES MIT DEM (VEGANEN) KOCHEN!

Veganes Kochen ist ganz »normales« Kochen. Du wirst Zutaten waschen, schneiden, schälen, anbraten, dünsten, kochen, backen, grillen und vieles mehr. Nichts davon ist ungewöhnlich oder anders, als wenn du nicht vegan kochst. Wenn du die Rezepte aus dem Buch zu Hause zubereitest, wirst du das schnell feststellen. Natürlich gibt es ein paar Unterschiede oder Besonderheiten. Diese liegen aber vor allem in den verwendeten Zutaten, weniger in der Art und Weise des Kochens oder der Zubereitung. Dass du zum Beispiel statt Milch oder Sahne eine pflanzliche Alternative verwendest, ändert in vielen Rezepten nichts.

5 TIPPS ZUM EINSTIEG INS VEGANE KOCHVERGNÜGEN

1. Nimm dir gerade am Anfang ganz bewusst Zeit, einfach mal etwas Neues auszuprobieren. Das funktioniert zum Beispiel super, wenn du dir ein interessantes Rezept aussuchst, und dieses am Wochenende ohne Zeitdruck in Ruhe ausprobieren kannst.

2. Schreibe dir auf, welche Gerichte und Rezepte dir geschmeckt haben und ob du beispielsweise beim nächsten Mal etwas ändern würdest. Wir nehmen so regelmäßig und häufig Essen zu uns, dass wir nach wenigen Tagen vergessen haben, was wir überhaupt gegessen haben, geschweige denn uns an Details bei der Zubereitung oder beim Abschmecken erinnern.

3. Trau dich, Neues auszuprobieren, und höre dabei auf dein Bauchgefühl. Wenn du eine bestimmte Zutat nicht magst (z. B. Koriandergrün), lass sie einfach weg oder schaue, ob du sie mit etwas Ähnlichem ersetzen kannst.

4. Koche gemeinsam mit FreundInnen, Familie, PartnerIn, besuche einen Kochkurs oder Workshop. Gemeinsam kochen und essen sind tolle Möglichkeiten, deinen (kulinarischen) Horizont zu erweitern, zu lernen und Neues kennenzulernen. Dabei neue Freundschaften zu schließen, Beziehungen zu pflegen und gleichzeitig lecker zu essen, ist ein toller Nebeneffekt.

5. Setze dich nicht selbst unter Druck. Wenn du mal keine Lust oder Zeit hast, zu kochen, dann ist das eben so. Haken dran, und ein neuer Tag kommt bestimmt.

Der vegane Vorratsschrank

Am besten schmeckt es frisch! Versuche Zutaten – egal, ob es sich um frisches Gemüse oder Konserven handelt – kurzfristig aufzubrauchen. Natürlich halten sich zum Beispiel Mehle und Gewürze viele Monate und Jahre. Dabei verlieren sie aber nach und nach Nährstoffe und Aromen und können je nach Produkt auch ihre funktionalen Eigenschaften verlieren (z. B. eine Hefe, die ihre Triebfähigkeit einbüßt).
Ein toller Nebeneffekt dabei: Du wirfst weniger Lebensmittel weg. Das tut der Umwelt gut und schont deinen Geldbeutel. Natürlich macht es Sinn, einige Zutaten zu Hause zu haben und bestimmte Produkte auch in größerer Menge zu kaufen, wenn du sie regelmäßig nutzt. In meinem Vorratsschrank dürfen zum Beispiel nicht fehlen:

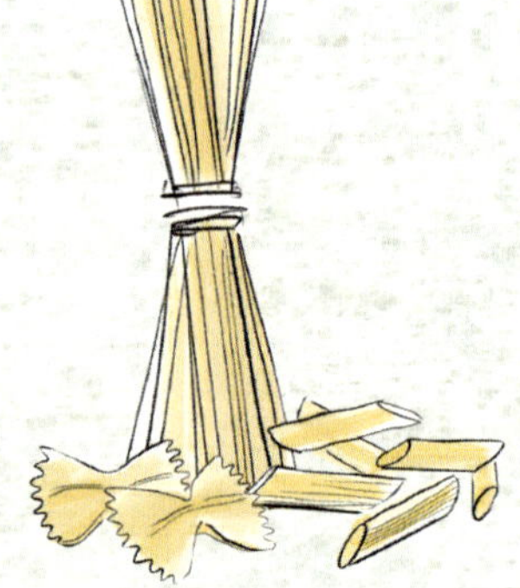

BASICS

Eifreie Nudeln, Reis, Quinoa, Haferflocken, getrocknete Linsen und Bohnen, Weizen-/Dinkelmehl

GEWÜRZE, NÜSSE, SAMEN, ÖLE

Salz, Pfeffer, Basisgewürze wie Basilikum, Paprika, Kurkuma u. Ä.; Gemüsebrühe; Mandeln, Cashewkerne, Sonnenblumenkerne, Walnüsse, Sesam; Olivenöl, neutrales Pflanzenöl, Apfelessig, Aceto balsamico

ZUM KOCHEN

Passierte/stückige Tomaten, Hülsenfrüchte aus dem Glas (z. B. Kichererbsen), Tomatenmark, Sojasauce, Senf, Misopaste, Currypaste, Tahin (Sesampaste), Oliven, Kapern

IM KÜHLSCHRANK

Pflanzendrink, veganer Joghurt, Kokosmilch, Tofu, vegane Mayo, Ketchup, Meerrettich

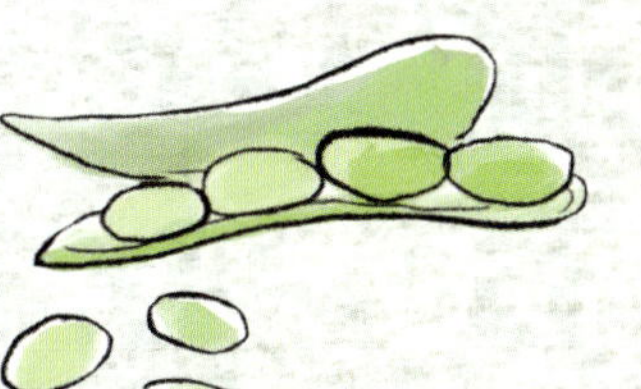

IM TIEFKÜHLFACH

TK-Obst und TK-Gemüse (z. B. Spinat, Erbsen, Himbeeren, Heidelbeeren), TK-Kräuter

ZUM BACKEN

Vanillezucker, Trockenhefe, Natron, Zucker, Speisestärke, Spezialmehle

SÜSSES

Trockenobst (z. B. Mangos, Aprikosen, Datteln), Zartbitterschokolade, Ahornsirup, Agavendicksaft, Nussmus (z. B. Erdnuss- oder Haselnussmus)

OBST UND GEMÜSE

Kartoffeln, Zwiebeln, Knoblauch, Chilischoten, Ingwer, Äpfel, Zitronen

Die Sache mit dem Ei

Fluffiges Omelett, cremige Mayo, watteweicher Biskuit. Geht nur mit Ei? Von wegen! Hier erfährst du, was das Hühnerei so besonders macht und wie du ganz einfach eine pflanzliche Alternative für jeden Zweck und jedes Gericht finden kannst.

Darum ist das Ei in der Küche so vielseitig einsetzbar

Mit einem Ei wird umgangssprachlich ein Hühnerei gemeint, aber natürlich fallen unter die Bezeichnung auch Eier von anderen Tierarten. Gemein ist allen, dass sie den frühen Status des Nachwuchses der eierlegenden Tiere darstellen. Umso verwunderlicher erscheint es auf den ersten Blick, dass das Ei eine so große und bedeutende Rolle in vielen Gerichten und Länderküchen spielt. Das lässt sich aber an zwei wichtigen Eigenschaften des Eis gut nachvollziehen:

Zum einen enthält das Ei als abgeschlossenes System alle »Zutaten«, die der Nachwuchs für sein Wachstum benötigt, und weist damit eine hohe Nährstoffdichte auf. Zum anderen lassen sich die Bestandteile des Eis überraschend vielseitig und abwechslungsreich zubereiten und bringen gleichzeitig einzigartige Eigenschaften mit sich, die nur wenige Lebensmittel aufweisen. Beispiele wie Rührei, Spiegelei, pochierte Eier, gekochte Eier, Eischnee und vieles mehr verdeutlichen diese große Flexibilität und Vielseitigkeit.

DAS STECKT DRIN

Warum ist gerade das Ei so vielfältig einsetzbar – egal ob beim Backen oder Kochen? Um das zu verstehen, lohnt ein kurzer Blick in den Aufbau eines Hühnereis: Dieses besteht vor allem aus Eigelb und

ZUSAMMENSETZUNG EINES HÜHNEREIS

Das Eigelb enthält ca. 32 % Fett und ca. 16 % Eiweiß, im Vergleich zum Eiweiß deutlich weniger Wasser: 50 %. Dazu Vitamine, Eisen und Lecithin. Das Eiklar besitzt (fast) kein Fett, dafür aber einen deutlich höheren Wasseranteil (89 %) sowie 11 % Eiweiß. Interessant: Das Eiweiß enthält prozentual weniger Protein als das Eigelb.

Eiweiß, dem hellen, fast weißen Anteil des Eis – beide unterscheiden sich in der Zusammensetzung (s. S. 14). Dadurch ergeben sich bereits viele unterschiedliche Anwendungsmöglichkeiten. Was das Ei nun aber wirklich besonders macht, ist die Tatsache, dass sich die im Eiweiß und Eigelb enthaltenen Proteine unter Hitzezufuhr leicht denaturieren lassen.

Der Denaturierungsprozess lässt sich beim Kochen und vor allem beim Backen einsetzen und kann genutzt werden, um andere Zutaten zu binden oder ihnen Stabilität zu verleihen (z. B. Kuchen, Torten). Der Denaturierungsprozess ist nicht reversibel: Reduziert man die Hitze, wird das Ei nicht einfach wieder flüssig. Das mag auf den ersten Blick natürlich erscheinen, ist aber eine entscheidende Eigenschaft, warum sich Eier so gut zum Kochen und Backen eignen – und übrigens ein Vorteil, der bei vielen veganen Eialternativen nur eingeschränkt vorhanden ist.

Da das Ei gleichzeitig einen hohen Wassergehalt aufweist, erfüllt es in Kombination mit trockenen Zutaten wie Mehl und Zucker mehrere Funktionen gleichzeitig: Zum einen dient es als »Flüssigkeit«, zum anderen bietet es verschiedene funktionale Eigenschaften wie das Binden oder Andicken von Massen.

Klugscheißerwissen

Mit »Denaturieren« wird vereinfacht eine Strukturveränderung von Proteinen bezeichnet. Im Fall des Eis ändert sich einfach die Konsistenz von zähflüssig nach und nach über eine stockende Masse (Rührei) bis hin zu fest gekochtem Ei. Der Prozess findet beim Eiweiß etwas schneller statt als beim Eigelb, weswegen es beispielsweise das klassische Frühstücksei als weich gekocht (Eigelb noch flüssig) und hart gekocht (Eigelb fest) gibt.

GEHT DAS AUCH VEGAN?

Es existiert keine rein pflanzliche Alternative, die die Vielfältigkeit eines Eis 1:1 ersetzen kann. Das ist die schlechte Nachricht. Die gute Nachricht folgt sogleich: Es gibt viele verschiedene Alternativen, die je nach Verwendung und Rezept eingesetzt werden können. Auf S. 31 findest du eine Tabelle je nach gewünschtem Rezept. Darüber hinaus bieten viele dieser alternativen Zutaten den Vorteil, dass sie weniger empfindlich und anfällig sind. Eier unterliegen einer strengen Kontrolle und bedürfen einer besonderen Sorgfalt bei Lagerung und Verarbeitung, vor allem in Hinblick auf eine Verunreinigung mit Salmonellen. Das entfällt bei pflanzlichen Alternativen – entsprechend zubereitete Gerichte sind somit deutlich einfacher im Handling, man denke zum Beispiel an eine vegane Mayonnaise.

Rührtofu mit Paprika

Für 4 Personen • 30 Min. Zubereitung

2 weiße Zwiebeln
1 Knoblauchzehe
400 g Tofu
6–8 Kirschtomaten
5–6 braune Champignons
1 rote Paprika
1 EL Olivenöl
¼ TL Chilipulver
1 TL gemahlene Kurkuma
Salz, Pfeffer
Kala Namak (Schwefelsalz)
geräuchertes Paprikapulver
frische Kresse zum Garnieren

1. Zwiebeln und Knoblauchzehe schälen und fein hacken. Den Tofu zerbröseln. Die Tomaten waschen und in kleine Würfel schneiden, dabei die Stielansätze entfernen. Die Pilze putzen, bei Bedarf mit einem Tuch abreiben und vierteln. Die Paprika waschen, halbieren, weiße Trennwände und Kerne entfernen, die Hälften in dünne Streifen schneiden.

2. In einer Pfanne Zwiebeln und Knoblauch im Öl andünsten. Den Tofu mit in die Pfanne geben und mit Chilipulver und Kurkuma würzen. Alles gut mischen, sodass der Tofu eine gleichmäßige gelbe Farbe annimmt. Dann noch ca. 3 Min. andünsten.

3. Anschließend Tomaten und Pilze hinzufügen und alles zugedeckt noch 5–10 Min. garen, sodass die Tomaten etwas einkochen. Den Rührtofu mit Salz, Pfeffer, 1 Prise Kala Namak und 1 Prise Rauchpaprika kräftig abschmecken.

4. Zum Servieren die Kresse vom Beet schneiden. Den Rührtofu auf Teller verteilen. Mit Paprikastreifen und Kresse servieren. Dazu passt frisches Vollkornbrot und etwas Avocado. Wer es herzhafter mag, gibt beim Anbraten des Tofus einfach ein paar Stücke vegane Salami, Chorizo oder Vergleichbares dazu.

Tipp **Wenn du deinen Rührtofu »schlotzig« magst, gib am Ende einfach etwas vegane Joghurtalternative oder Pflanzendrink (ungesüßt) dazu. So wird er wunderbar cremig und trocknet nicht so schnell aus.**

Omelett mit Seidentofu

Für 2 Personen • 20 Min. Zubereitung

250 g Seidentofu
60 g Kichererbsenmehl
2 EL Hefeflocken
½ TL gemahlene Kurkuma
1 TL Backpulver
1 TL Salz
½ TL Senf
½ TL Pfeffer
½–1 TL Kala Namak (Schwefelsalz)
½ TL Zwiebelpulver
½ TL Zitronensaft
50–100 ml Sojadrink (ungesüßt; s. Tipp)
1 EL Öl zum Anbraten
etwas Schnittlauch zum Garnieren

1. Alle Zutaten – bis auf Öl und Schnittlauch – in den Hochleistungsmixer oder in einen hohen Rührbecher geben und mit dem Pürierstab so lange pürieren, bis eine homogene Masse entstanden ist. Falls der Teig zu fest ist, nach und nach noch bis zu 50 ml mehr Sojadrink hinzufügen. Den Teig 5–10 Min. quellen lassen.

2. In einer Pfanne ½ EL Öl erhitzen und die Hälfte des Teigs mit einem Schöpflöffel darin verteilen. Der Teig soll so dünnflüssig sein, dass er sich fast von allein verteilt. Falls nötig, durch ein wenig Rütteln an der Pfanne etwas nachhelfen.

3. Das Omelett ca. 5 Min. garen, anschließend mit einem Pfannenwender wenden und noch weitere 2 Min. garen. Das Omelett in der Mitte falten, aus der Pfanne nehmen und warm halten.

4. Aus den übrigen Zutaten wie beschrieben ein zweites Omelett backen. Zum Servieren die Omeletts auf Tellern anrichten und mit frischem Schnittlauch bestreuen.

Tipp **Die Menge Sojadrink, die du benötigst, hängt stark vom verwendeten Kichererbsenmehl sowie vom Wassergehalt des Seidentofus ab. Starte daher einfach mit ca. 50 ml und gib schrittweise noch bis zu 50 ml mehr Sojadrink dazu. Die Konsistenz der Omelettmasse soll zähflüssig sein.**
Für ein Gemüse-Topping kannst du, sobald das Omelett in der Pfanne ist, klein geschnittene Tomaten, Paprika, Zwiebeln oder Pilze auf bzw. in den Teig geben und mitgaren.

Vegane Pancakes

Für 10 Stück • 30 Min. Zubereitung

375 g vegane Joghurtalternative (ungesüßt)
200 ml Pflanzendrink (ungesüßt; z. B. Soja- oder Haferdrink)
1 EL getoastetes Sojamehl
300 g Weizenmehl (Type 550)
80 g Zucker
Salz
1 ½ Pck. Backpulver (ca. 15 g)
5 TL Öl zum Anbraten
Ahornsirup, Puderzucker und frische Beeren (nach Saison) zum Servieren

1. Die Joghurtalternative mit dem Pflanzendrink in einer Rührschüssel gründlich mischen. Sojamehl und 2 EL Wasser in einer kleinen Schüssel gut verrühren und dazugeben.

2. Die trockenen Zutaten (Mehl, Zucker, 1 Prise Salz, Backpulver) mischen und nach und nach mit einem Schneebesen unter die flüssige Mischung heben. Es soll ein homogener, zähflüssiger Teig entstehen.

3. In einer Pfanne etwas Öl erhitzen (pro Pancake ca. ½ TL) und pro Pancake 3–5 EL Teig, je nach gewünschter Größe, in die Pfanne geben. Es passen 2–3 Pancakes auf einmal in die Pfanne. Sobald die Pancakes auf der Oberseite deutlich Blasen bilden, mit einem Pfannenwender wenden und die andere Seite ausbacken.

4. Fertige Pancakes herausnehmen und auf einen Teller stapeln (so bleiben sie länger warm und sehen toll aus) oder im Backofen (auf 60° vorgeheizt) warm halten. Zum Servieren mit Ahornsirup, frischen Beeren und/oder Puderzucker servieren.

Tipp **Die Pancakes sind recht süß – du kannst die Zuckermenge im Teig gerne etwas reduzieren. Alternative: Tausche die Hälfte des Zuckers (40 g) durch 50 g vegane Schoko-Drops oder gehackte vegane Zartbitterschokolade aus und du erhältst ein tolles Rezept für Schoko-Pancakes. Oder gib 75 g Heidelbeeren (verlesen, waschen und trocken tupfen) für Heidelbeer-Pancakes zusätzlich in den Teig!**

Das Ei als Aromageber und Emulgator

Es ist gar nicht so einfach, den Geschmack eines Lebensmittels zu beschreiben, wenn dabei das entsprechende Lebensmittel selbst nicht genannt werden darf. Versuche einmal den Geschmack von Ei zu beschreiben, ohne dabei das Ei selbst zu benennen! Gar nicht so einfach, oder? Ein »frisches« Ei schmeckt roh oder auch gekocht ziemlich neutral. Das ist einer der Gründe, warum gekochte Eier meist mit etwas Salz serviert werden. Vor allem bei Rühreiern oder Spiegeleiern spielt der Bratgeschmack und das hinzugefügte Bratöl eine wichtige Rolle. Je älter das Ei wird, desto mehr bilden sich ein typischer Ei-Geruch und Ei-Geschmack aus.

EI-AROMA IMITIEREN

Eine andere Möglichkeit, sich dem typischen Eigengeschmack eines Lebensmittels zu nähern, besteht darin, geschmacklich ähnliche Zutaten zu finden. Im Falle des Eis gibt es ein Salz, das überraschenderweise sehr nach Ei schmeckt. Dabei handelt es sich um Kala Namak, auch Schwarzsalz genannt. Kala Namak besteht vor allem aus Natriumchlorid (NaCl), dem gewöhnlichen Speisesalz, sowie verschiedenen Schwefelverbindungen. Letztere sorgen für den typischen Ei-Geruch und nach dem Kochen dann für den typischen Ei-Geschmack.

Das Besondere: Die richtige Menge macht's! Verwendest du zu viel Kala Namak, schmeckt das Gericht schnell so, als hättest du verfaulte Eier zubereitet. Das liegt daran, dass bei Eiern im Verwesungsprozess nach und nach auch immer mehr Schwefelverbindungen gebildet werden, die für den charakteristischen Gestank nach verfaulten Eiern sorgen.

Die im Kala Namak enthaltenen Schwefelverbindungen sorgen für einen dezent rauchigen und bitteren Geschmack sowie einen leichten Fäulnisgeruch. Mit einer guten Dosierung lässt sich so ganz einfach der Ei-Geschmack (und Geruch) in ein Gericht zaubern. Das Schwefelsalz hält sich trocken gelagert viele Monate.

DAS EI ALS EMULGATOR

Neben den genannten Vorteilen des Eis in der Küche weist vor allem das Eigelb noch eine besondere Eigenschaft auf: Es lässt sich hervorragend als

KALA NAMAK IM HANDEL

Versuche Kala Namak ungemahlen zu kaufen – so hält sich der Geschmack deutlich länger und du hast beim Mahlen immer ein frisches Produkt. Nimm dafür einfach eine Gewürzmühle oder einen Mörser. Daneben gibt es auch aufbereitetes Kala Namak, dabei wird NaCl mit Schwefelverbindungen chemisch gemischt. Achte auf die Angaben auf der Verpackung!

Wirkung eines Emulgators

Ohne Emulgator (Vinaigrette)

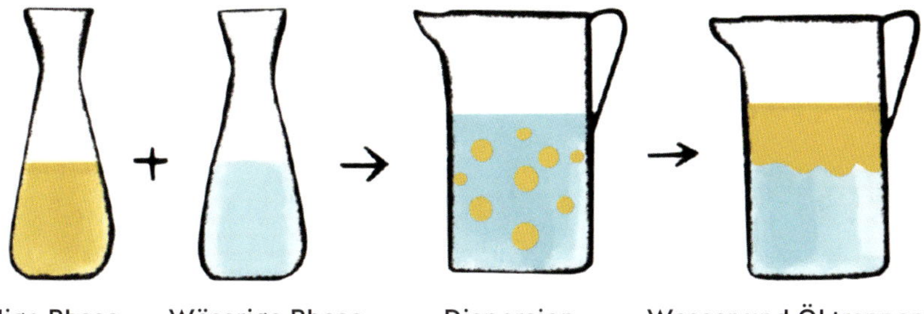

Einfache Emulsion (Mayonnaise)

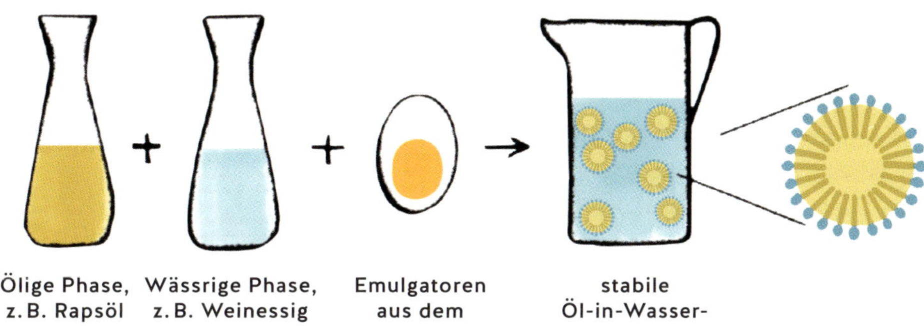

Emulgator verwenden. Denn Eigelb enthält neben Wasser, Eiweiß, vielen Vitaminen und Nährstoffen auch Lecithin. Diese sowohl wasser- als auch fettlösliche Substanz lässt sich als Emulgator beim Kochen und Backen einsetzen.

Das bekannteste Beispiel für eine Emulsion ist die Zubereitung von Mayonnaise. Hier entsteht aus Eigelb und Öl eine homogene, dickflüssige, zähe Emulsion. Die im Eigelb enthaltenen Lecithine sorgen dafür, dass sich das Öl mit der Flüssigkeit aus Eigelb, Essig oder Zitronensaft zu einer homogenen Masse mischen lässt und in diesem Zustand auch verbleibt. Das Gegenbeispiel wäre eine Salatvinaigrette aus Essig und Öl: Du weißt sicher, dass sich beim Schütteln alles schön mischt – sobald die Vinaigrette aber länger steht, sich Essig und Öl wieder trennen. Es fehlt: der Emulgator!

Klugscheißerwissen

Emulgatoren sind Stoffe, die dabei helfen, zwei nicht mischbare Flüssigkeiten zu verbinden. Das bekannteste Beispiel ist der Mix von Wasser und Öl. Wasser ist hydrophil (wasser-bindend), Öl hydrophob (wasser-abstoßend). Der Emulgator ist beides, sowohl hydrophil als auch hydrophob und sorgt dafür, dass sich eine Emulsion bilden kann, also ein fein verteiltes Gemisch aus hydrophilen und hydrophoben Substanzen. Es gibt Öl-in-Wasser- und Wasser-in-Öl-Emulsionen. Was ist Mayo? Genau, eine Öl-in-Wasser-Emulsion!

Basisrezept Mayonnaise

Für ca. 250 ml (5 Portionen) • 10 Min. Zubereitung

100 ml zimmerwarmer Sojadrink (ungesüßt)
1 EL Weißweinessig (oder Zitronensaft)
150–175 ml Öl (mit neutralem Geschmack, z. B. Sonnenblumen- oder Rapsöl)
Salz

1. Den Sojadrink in einen hohen Rührbecher geben. Den Essig hinzufügen und alles ca. 2 Min. stehen lassen.

2. Anschließend 150 ml Öl langsam in einem dünnen Strahl zum Sojadrink dazugießen, dabei ständig weitermixen, bis sich alles zu einer glatten Creme verbindet. Den Pürierstab nach oben und unten ziehen und so die Masse gut durchmischen und gleichzeitig etwas Luft einarbeiten. Mit fortschreitendem Pürieren sollte die Emulsion nach und nach cremiger und dickflüssiger werden. Je nach gewünschter Konsistenz das restliche Öl hinzufügen.

3. Zuletzt die Mayonnaise mit 1 Prise Salz würzen und nach Belieben weiterverarbeiten (s. Variante). Sie hält sich im Kühlschrank in einem verschlossenen Glas einige Tage.

Variante

Du kannst aus dem Basisrezept noch mehr machen: Gib zum Beispiel 2 gepresste Knoblauchzehen für eine Aioli (Knoblauch-Mayo) dazu. Oder bereite eine Chipotle-Mayo zu, indem du 1 (entkernte) Chipotle-Chilischote mitpürierst.

Basisrezept Remoulade

Für ca. 300 ml (6 Portionen) • 15 Min. Zubereitung

125 ml Sojadrink (ungesüßt)
1 EL Weißweinessig (oder Zitronensaft)
2 TL Senf
1 TL Zucker
125–150 ml Öl (mit neutralem Geschmack; z. B. Sonnenblumen- oder Rapsöl)
1 weiße Zwiebel
4–6 Cornichons
10–15 kleine Kapern
Salz, Pfeffer
1 EL gehackter Dill

1. Den Sojadrink in einen hohen Rührbecher geben. Essig, Senf und Zucker hinzufügen und alles ca. 2 Min. stehen lassen.

2. Anschließend 125 ml Öl langsam in einem dünnen Strahl zum Sojadrink-Mix gießen, dabei weitermixen, bis sich alles zu einer glatten Creme verbindet. Dabei idealerweise den Pürierstab nach oben und unten ziehen, die Masse gut durchmischen und gleichzeitig etwas Luft einarbeiten. Mit fortschreitendem Pürieren sollte die Emulsion nach und nach cremiger und dickflüssiger werden. Je nach gewünschter Konsistenz das restliche Öl hinzufügen.

3. Die Zwiebel schälen und fein würfeln. Cornichons und Kapern klein würfeln. Die Hälfte von Zwiebel, Cornichons und Kapern zur Mayonnaise geben und alles nochmals mit dem Pürierstab mischen. Den Rest der Zutaten unterheben, ohne diese zu pürieren, und die Remoulade mit Salz und Pfeffer abschmecken und mit Dill garnieren. Nach Belieben auch den Sud der Cornichons zum Abschmecken verwenden. Die Remoulade passt zu Kartoffel- und Nudelsalaten, zu Hot Dogs, als Brotaufstrich oder als Dip zum Grillen.

Gibt es vegane Alternativen zu Eischnee?

In vielen Rezepten wird das komplette Ei, also das Eiweiß und das Eigelb, verwendet. Es gibt aber natürlich auch Möglichkeiten, nur das eine oder das andere zu verwenden. Am bekanntesten in Sachen Vielseitigkeit des Eis ist der sogenannte Eischnee aus dem Eiweiß.

Hierzu wird das Eiweiß vom Eigelb getrennt und anschließend mit einem Schneebesen von Hand oder mit den Rührbesen des Handrührgeräts aufgeschlagen. Das Eiweiß besteht zu ca. 89 % aus Wasser und 11 % aus Proteinen, wobei die Proteine jeweils ein hydrophobes und ein hydrophiles Ende besitzen. Durch das Aufschlagen wird Luft in das Eiweiß eingearbeitet, was zu einer deutlichen Volumenvergrößerung führt. Gleichzeitig sorgen die im Eiweiß enthaltenen Proteine für eine Stabilisierung des Schaums.

GEHT DAS AUCH VEGAN?

Auch für den Eischnee gibt es eine hervorragende pflanzliche Alternative, und zwar das Kochwasser von Kichererbsen, weißen Bohnen oder anderen Hülsenfrüchten, welches als »Aquafaba« (lat. aqua = Wasser, faba = Bohne) bezeichnet wird. Die Hülsenfrüchte werden zum Verzehr in Wasser weich gegart. Während des Kochprozesses lösen sich Proteine aus den Hülsenfrüchten und gehen in das

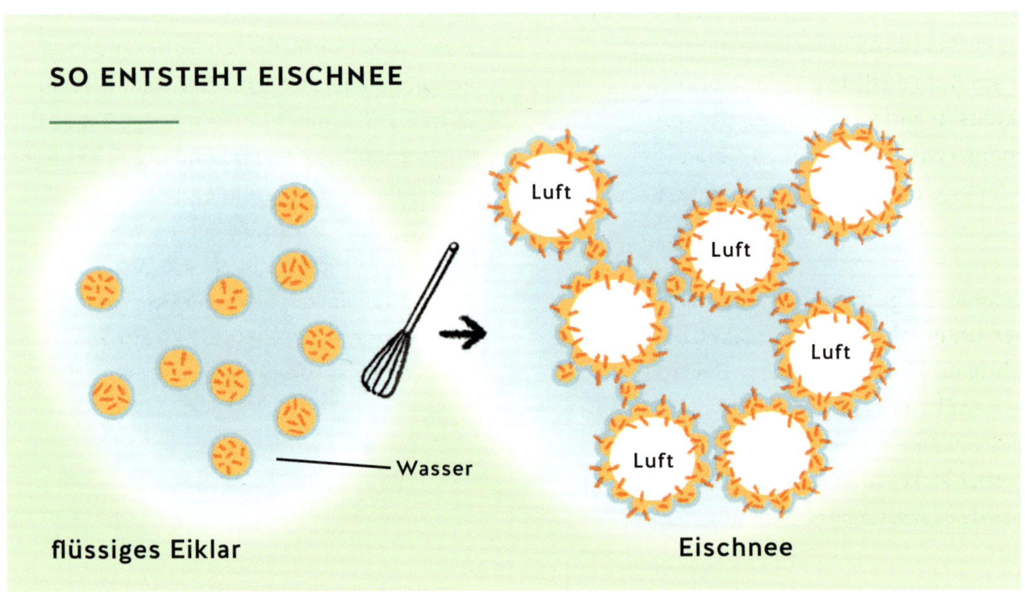

Kochwasser über. So entsteht eine Wasser-Protein-Mischung, die dem des Eiklars etwas ähnelt und ebenso gut schaumig geschlagen werden kann. Du kannst sie für Baiser, Makronen und Mousse au Chocolat (s. S. 28) verwenden.

Die genaue Zusammensetzung von Aquafaba (z. B. der Proteingehalt) hängt von vielen Faktoren im Kochprozess der Hülsenfrüchte ab (Temperatur, Dauer, pH-Wert, Verhältnis von Wasser zu Hülsenfrüchten u.v.a.). Daraus folgt, dass sich auch die Eigenschaften beim Aufschlagen unterscheiden, vor allem wie stark das Aquafaba aufgeschäumt werden kann (Volumenvergrößerung).

SO GELINGT (VEGANER) EISCHNEE

Achte beim Aufschlagen von Aquafaba darauf, dass sich keine Ölrückstände oder Fette in der Schüssel oder am Rührwerkzeug befinden. Diese verhindern bereits in geringen Mengen das Aufschlagen – genauso wie bei tierischem Eiklar. Besonders einfach von Fetten und Ölen reinigen lassen sich übrigens Metallschüsseln.

Sobald der Eischnee aufgeschlagen ist, kannst du weitere Zutaten unterheben. Beachte dabei, dass du dies vorsichtig und langsam machst. Benutze dafür auf keinen Fall mehr das Handrührgerät, sondern hebe die Zutaten nach und nach mit einem Teigschaber locker unter. Es besteht sonst die Gefahr, dass der ganze schöne Schaum wieder zusammenfällt.

AQUAFABA SCHAUMIG SCHLAGEN

Wenn du das nächste Mal Kichererbsen in Glas oder Dose kaufst, schütte das Einlegewasser nicht weg, sondern schlage es einfach in einem hohen Rührbecher mit den Rührbesen des Handrührgeräts wie Eiweiß auf. Du wirst überrascht sein, wie einfach das geht! Aquafaba gibt es mittlerweile isoliert im Handel im Tetrapak oder als Pulver. Wenn du selbst Hülsenfrüchte in Wasser garst, kann unter Umständen die Eiweißkonzentration nicht hoch genug sein – hier ist etwas Übung erforderlich. Falls Du zu viel Aquafaba aufgeschlagen hat, kein Problem: Es hält sich ohne Probleme einige Tage im Kühlschrank. Mit fortlaufender Zeit verliert es an Form und Konsistenz, sodass du es möglichst frisch verarbeiten bzw. essen solltest. Das Gar- oder Einlegewasser der Kichererbsen sollte nach dem Öffnen der Dose (oder dem Abkochen) idealerweise innerhalb einer Woche aufgebraucht werden.

Mousse au Chocolat mit Himbeeren

Für 4 Personen • 30 Min. Zubereitung • 4 Std. Abkühlen (über Nacht)

240 ml Aquafaba (Kichererbsenkochwasser, aus Dose oder Glas)
3 g Backpulver (ca. 1 TL)
1 TL Zitronensaft
140 g vegane Zartbitterschokolade (mind. 70 % Kakaoanteil)
150 g Himbeeren
2 EL Ahornsirup
½ TL Chia-Samen
4 Minzeblätter

1. Das Aquafaba in einem hohen Rührbecher oder in der Küchenmaschine mit den Rührbesen des Handrührgeräts schaumig aufschlagen. Dabei wird die Masse mit der Zeit immer fluffiger und die Farbe gleichzeitig immer heller. Je nach Kichererbsensorte und Handrührgerät dauert dies 3–6 Min.

2. Sobald die Masse das typische Aussehen von weißem Eischnee hat, das Backpulver und den Zitronensaft hinzufügen und alles nochmals 2–3 Min. schlagen. So wird der Eischnee wunderbar fest und lässt sich gut weiterverarbeiten.

3. Die Schokolade grob hacken und in einer Metallschüssel über dem warmen Wasserbad schmelzen. Herausnehmen und kurz abkühlen lassen, ohne dass sie wieder fest wird. Die flüssige Schokolade portionsweise zum Eischnee geben und jeweils gut mit einem Schneebesen oder Teigschaber unterheben. Die Mousse auf Gläser verteilen und im Kühlschrank 3–4 Std., am besten über Nacht, fest werden lassen.

4. Zum Servieren die Himbeeren verlesen, waschen und trocken tupfen. Mit dem Ahornsirup in einem hohen Rührbecher mit dem Pürierstab glatt pürieren. Anschließend die Chia-Samen hinzufügen und alles ca. 10 Min. quellen lassen.

5. Zum Servieren die Minze waschen und trocken tupfen. Die Mousse au Chocolat mit der Himbeersauce beträufeln und mit jeweils 1 Minzeblatt servieren.

Variante **Falls du keine frischen Himbeeren bekommst, kannst du den Fruchtspiegel auch mit Erdbeeren zubereiten. Noch einfacher und schneller geht es mit Schokoraspeln statt der Beerensauce!**

Vegane Ei-Alternativen auf einen Blick

Je nachdem, was gekocht oder gebacken werden soll, gibt es eine Vielzahl unterschiedlicher Möglichkeiten, vegane Alternativen zum Ei zu verwenden. Welche davon am besten funktioniert, hängt stark vom Gericht und vor allem von der Art der Zubereitung (kochen, backen, aufschlagen usw.) ab. Mit ein bisschen Übung wirst du einfach und schnell lernen, was wann am besten funktioniert.
Für den typischen Ei-Geschmack kannst du hervorragend etwas Kala Namak (s. S. 22) verwenden. Für die typische gelbe Farbe nutzt du einfach 1 Prise gemahlene Kurkuma.

Die Tabelle gibt einen guten Überblick, womit du jeweils ein Hühnerei (Größe M) ersetzen kannst. Hier sind noch drei Beispiele genauer erklärt:

➠ Leinsamen und Wasser: Die Leinsamen bilden in Verbindung mit Wasser eine gelartige Masse, die an Eiweiß erinnert und sich hervorragend zum Binden eignet. Insider sprechen dann von einem »Flachsei« oder »Flax egg«.

➠ Natron und Essig: Bei Kuchen und Muffins sorgt das Ei unter anderem für das luftige Aufgehen des Backguts. Das funktioniert alternativ mit Natron (wichtigster Bestandteil von Backpulver, s.S.184) und ein wenig Säure.

➠ Kichererbsenmehl und Wasser: Kichererbsen zeichnen sich unter anderem durch einen hohen Proteingehalt aus. Die Proteine entfalten eine ähnliche bindende und emulgierende Wirkung wie Hühnereiweiß.

Alternative für 1 Ei (M)	Funktioniert gut für …
ZUM BINDEN	
1 EL Leinsamen + 2 EL Wasser	Bratlinge oder Brote
½ reife Banane	süße Teige, z. B. für Kuchen oder Pancakes
50 g Apfelmus	süße Teige, z. B. für Marmorkuchen
1 EL getoastetes Sojamehl + 2 EL Wasser	süße und herzhafte Teige, Bratlinge
1 EL Chia-Samen + 3 EL Wasser	Süßspeisen
ZUM BINDEN UND VERDICKEN	
1 EL Johannisbrotkernmehl + 2 EL Wasser	Pudding, Panaden
2 EL Kichererbsenmehl + 2 EL Wasser	Eierspeisen, Omelett
1 EL Agar-Agar + 1 EL Wasser	Süßspeisen, Cremes
ZUM BINDEN UND FÜR FEUCHTIGKEIT	
50 g Seidentofu	Quiche, herzhafte Gerichte, Eierspeisen
4 EL Sojaghurt	Eierspeisen, Kuchen
ZUM BINDEN UND AUFLOCKERN	
1 EL Natron + 1 EL Essig	Backen, Kuchen
ALS EISCHNEE	
40 g Aquafaba	Baiser, Makronen, Mousse

Alles Milch, oder was?

Hafer und Reis, Cashewkerne und Mandeln – aus den verschiedensten Pflanzen kann man recht einfach Kuhmilchalternativen herstellen. Welcher Pflanzendrink lässt sich aber aufschäumen und was sind die besonderen Unterschiede zu Kuhmilch?

Das Who ist Who der Milchprodukte

Milch, gebildet in den Milchdrüsen von Säugetieren, ist wohl eines der am vielfältigsten eingesetzten Lebensmittel. In Europa (und vielen anderen Ländern der Welt) ist mit Milch als Nahrungsmittel (fast) immer Kuhmilch gemeint. Auch andere Tiere liefern traditionell Trinkmilch, beispielsweise Esel, Pferde, Yaks, Rentiere, Büffel, Kamele oder Lamas. Milch besteht hauptsächlich aus Wasser, Kohlenhydraten (vor allem Laktose), Fett sowie Eiweißen und Spurenelementen. Die genaue Zusammensetzung hängt von der Tierart und der Haltung bzw. der Lebensweise des Tieres ab.

Milch gilt als wertvoller Protein- und Vitaminlieferant. Bei den frühzeitlichen Versuchen, Milch haltbar zu machen, entstanden oft per Zufall die interessantesten Milchprodukte. Die Informationen rund um Vielfältigkeit sowie Art und Weise der Verarbeitung (»Veredelung«) der aus Milch produzierten Lebensmittel würden mindestens ein Buch füllen. Daher steht hier nur ein Auszug an bekannten Lebensmitteln, die direkt oder indirekt aus Milch hergestellt sind: Butter, Frischkäse, Weichkäse, Quark, H-Milch, Sahne, Buttermilch, saure Sahne, Crème fraîche, Joghurt, Kefir und andere.

ZUSAMMENSETZUNG KUHMILCH

Kuhmilch mit einem Fettgehalt von ca. 3,5 % liefert etwa 65 kcal pro 100 ml. Der Eiweißgehalt beträgt 3,4 %, der Kohlenhydratgehalt 4,7 %. Außerdem enthält Kuhmilch nennenswerte Mengen an Cholesterin, Kalzium und Phosphor, B-Vitaminen (v. a. Vitamin B2) und den fettlöslichen Vitaminen A und D. Auch der Gehalt an Jod und Fluorid ist erwähnenswert.

Für die enorme Vielfältigkeit der Einsatzmöglichkeiten von Milch als Zutat und Lebensmittel gibt es – ähnlich wie beim Ei – verschiedene Gründe:

- Milch ist eine Emulsion aus Milchfett, Wasser, Milchzucker und Proteinen.
- Als (alleiniges) Grundnahrungsmittel vieler neugeborener Säugetiere ist Milch ein über Jahrmillionen ausgereiftes Nahrungsmittel in Bezug auf die Nährstoffzusammensetzung sowie viele funktionale Eigenschaften.
- Milch als Zutat und Lebensmittel wird seit Jahrtausenden vom Menschen eingesetzt, entsprechend vielfältig verwendet und in (sprichwörtlich) ausgereiften Prozessen verarbeitet und verwendet.
- Als fast überall verfügbare Zutat bzw. »Rohstoff« haben Milch(-produkte) viele Bereiche der Lebensmittelherstellung durchdrungen.

Grob lassen sich die unterschiedlichen Milcherzeugnisse und -produkte wie folgt einteilen:

MILCHSORTEN

Die Milch dient als Ausgangspunkt für viele weitere daraus hergestellte Produkte und Lebensmittel. Am weitesten verbreitet sind Kuhmilch, Schafsmilch, Ziegenmilch und Kamelmilch.

RAHMPRODUKTE

Rahm, auch Sahne genannt, besteht vor allem aus dem fetthaltigen Teil der Milch. Je nach Verarbeitung und Fettgehalt werden daraus Kaffeesahne, Schlagsahne oder Kochsahne hergestellt. Der Rahm bildet darüber hinaus die Grundlage für Butter und einige Käsesorten.

BUTTER

Butter besteht ebenfalls aus dem fetthaltigen Teil der Milch, dem Rahm. Dieser wird aus der Milch separiert, gereift und anschließend zu einer streichfähigen, fetthaltigen Masse geformt.

SAUERMILCHPRODUKTE

Sauermilchprodukte werden aus Milch oder Sahne versetzt mit Milchsäurebakterien hergestellt. Dadurch nehmen sie den typisch säuerlichen Geschmack an und die Konsistenz wird fester und cremiger. Die bekanntesten Produkte sind Sauermilch, Dickmilch, saure Sahne, Crème fraîche und Schmand, die sich vor allem in ihrem jeweiligen Fettanteil unterscheiden. Auch Joghurt und Buttermilch zählen dazu. Mehr zu gesäuerten Milchprodukten kannst du ab S. 46 lesen.

KÄSE

Er wird (meistens) durch Gerinnung des Eiweißanteils der Milch gewonnen – teilweise mit anschließender Reifung. Es ist das älteste Verfahren zur Haltbarmachung von Frischmilch und umfasst zum Beispiel die Kategorien Quark, Frischkäse, Weichkäse, Hartkäse.

MILCH- UND MOLKEPULVER

Viele Bestandteile der Milch werden als Rohstoff, Zusatzstoff oder Zutat verwendet. Am bekanntesten sind Milchpulver, Molkepulver, Laktose (Milchzucker), Kasein und viele weitere. Milch- und Molkepulver gelten lebensmittelrechtlich als sogenannte Dauermilcherzeugnisse.

GEHT DAS AUCH VEGAN?

Dieser kurze Blick auf die Besonderheiten und Vielfalt von Milchprodukten macht klar, dass es nicht »die eine« vegane Milchalternative gibt, die sich als 1:1-Ersatz für alles perfekt eignet. Auf der anderen Seite lässt sich aber auch schnell einsehen, dass für die verschiedenen Produktkategorien ohne Probleme hervorragend unterschiedliche pflanzliche Alternativen verfügbar sind – dazu mehr auf S. 36.

Das große Plus: Die veganen Milchersatzprodukte bringen je nach Geschmacksvorlieben oder Verwendung wieder ganz neue Vorteile mit sich.

Pflanzliche Milchalternativen

Die Tabelle zeigt, aus welchen Pflanzen heutzutage Kuhmilchersatz hergestellt wird. Bitte beachte, dass die Mengen immer einen Durchschnittswert darstellen und je nach Sorte und Hersteller variieren können. Ganz oben findest du im Vergleich dazu die Nährwerte von Kuhmilch.

Pflanzendrinks unterscheiden sich – neben den einzelnen Bestandteilen und der Nährwertzusammensetzung – auch noch in diesen Punkten von Kuhmilch:

- Der Fettgehalt bei naturbelassenen Pflanzendrinks ist generell deutlich niedriger – Ausnahmen die Produkte aus Cashewkernen und Macadamianüssen. Deshalb können viele Pflanzendrinks beim puren Verzehr im Vergleich zur Kuhmilch mit 3,5 % Fettgehalt wässriger wirken.

- Viele Pflanzendrinks enthalten mehr Kohlenhydrate (darunter Zucker), weil in den verwendeten Getreiden oder Nüssen auch ein entsprechend hoher Zuckeranteil steckt und bei der Herstellung durch Fermentationsprozesse natürliche Süße gebildet wird. Achte beim Kauf darauf, dass keine Süßungsmittel wie Zucker, Agavendicksaft usw. extra zugesetzt wurden.

- Sojadrink lässt sich wie Kuhmilch aufschäumen, weil er von Haus aus mehr Protein sowie Lecithine enthält. Letztere wirken als natürliche Stabilisatoren und sorgen dafür, dass der Milchschaum stabil bleibt. Sogenannte Barista-Pflanzendrinks eignen sich ebenfalls zum Aufschäumen, hier sind Lecithine (oder andere Stabilisatoren) nachträglich hinzugefügt.

Sorte	Kohlen-hydrate (in %)	Eiweiß (in %)	Fett (in %)	Kalorien (in kcal pro 100 ml)	Anmerkung
Vergleichswert: Kuhmilch	4,7	3,4	3,5	65	
Buchweizendrink	8,4	1,6	1,1	51	
Cashewdrink	0,9	1,0	2,8	28	
Dinkeldrink	8,0	0,5	1,5	45	
Erbsendrink	2,8	3,5	3,1	54	
Erbsendrink Barista	2,1	1,6	2,4	38	aufschäumbar
Haferdrink	8,5	0,4	1,4	48	
Haferdrink Barista	6,6	1,0	3,0	59	aufschäumbar
Haselnussdrink	3,2	0,4	1,6	29	
Hirsedrink	10	0,7	1,1	54	
Lupinendrink	7,2	1,0	1,5	50	
Macadamiadrink	3,0	0,4	3,1	4,1	
Mandeldrink	0	0,4	1,1	27	
Mandeldrink Barista	2,4	0,8	1,9	32	aufschäumbar
Reisdrink	9,5	0,1	1,0	50	
Reis-Kokos-Drink	13	0,2	0,8	61	
Roggendrink	7,1	0,5	1,5	44	
Sojadrink	2	3,5	1,9	47	natürliche Lecithine, aufschäumbar
Sojadrink Barista	1,6	3,1	1,8	43	aufschäumbar

Basisrezept Haferdrink

Für ca. 1 l (4 Personen) • 12 Std. Einweichen (über Nacht) • 10 Min. Zubereitung

150 g zarte Haferflocken (s. Tipp)
5–15 g Zucker
5–10 ml Öl (z. B. Sonnenblumen- oder Rapsöl)
Salz (nach Belieben)
1 Nussmilchbeutel

1. Am Vortag die Haferflocken in einer Schüssel in Wasser ca. 12 Std., am besten über Nacht, einweichen.

2. Am nächsten Tag die Haferflocken in ein Sieb abgießen und kurz abtropfen lassen. Dann eingeweichte Haferflocken, 1 l Wasser, Zucker (Menge nach Belieben) und Öl (Menge nach Belieben) in den Hochleistungsmixer geben und alles auf höchster Stufe mindestens 1 Min. pürieren. (Alternativ in einem hohen Rührbecher mit dem Pürierstab mixen.)

3. Die Flüssigkeit durch den Nussmilchbeutel (alternativ durch ein feines Sieb – je feiner, umso besser) streichen und den Haferdrink auffangen, den Trester entfernen (zum Backen, für Aufstriche oder als Peeling verwenden). Den Drink nach Belieben mit etwas Zucker oder 1 kleinen Prise Salz abschmecken.

4. Den Haferdrink in eine saubere Flasche füllen und verschlossen im Kühlschrank lagern, innerhalb der nächsten 2–4 Tage aufbrauchen. Vor Gebrauch gut schütteln.

Tipp **Der Geschmack des Haferdrinks hängt stark von der Sorte und Menge der Haferflocken ab. Probiere gerne aus! Statt Haferflocken kannst du auch einfach die gleiche Menge (ca. 150 g) ungeschälte Haselnüsse oder Mandeln verwenden, diese vorher ebenfalls in Wasser einweichen.**

Warum wird Sahne beim Schlagen steif?

Wenn du etwas schlägst, rührst oder knetest, würde man erwarten, dass es flüssiger oder weicher wird, oder? Bei Sahne – oder veganer Schlagcreme – ist es genau anders gelagert: Sie werden beim Schlagen zu einer festen Creme.

SAHNE IST EINE EMULSION

Sahne ist biochemisch eine Mischung aus Wasser, Fett und Eiweiß. Dabei schwimmt das enthaltene Milchfett in Form vieler kleiner, von Eiweiß umgebener Fettkügelchen im Wasser. In diesem Fall handelt es sich um eine Fett-in-Wasser-Emulsion – anders als die Wasser-in-Öl-Emulsion (s. S. 23).

Wird die Sahne nun mit einem Schneebesen längere Zeit geschlagen, werden die Proteinhüllen, die das Fett umschließen, zum Teil aufgebrochen und zerstört, sodass das Fett austreten kann. Gleichzeitig wird Luft in die Sahne untergehoben, die sich als Bläschen nach und nach vom Milchfett umschließen lässt. Die Fettkügelchen mit Luftkern lagern sich netzartig nebeneinander an. Es entsteht eine Wasser-in-Fett-Emulsion – also genau das Gegenteil des Ursprungszustands (s. Kasten).

Würde man die steife Sahne noch weiter schlagen, würden nach und nach die Luftbläschen zerstört.

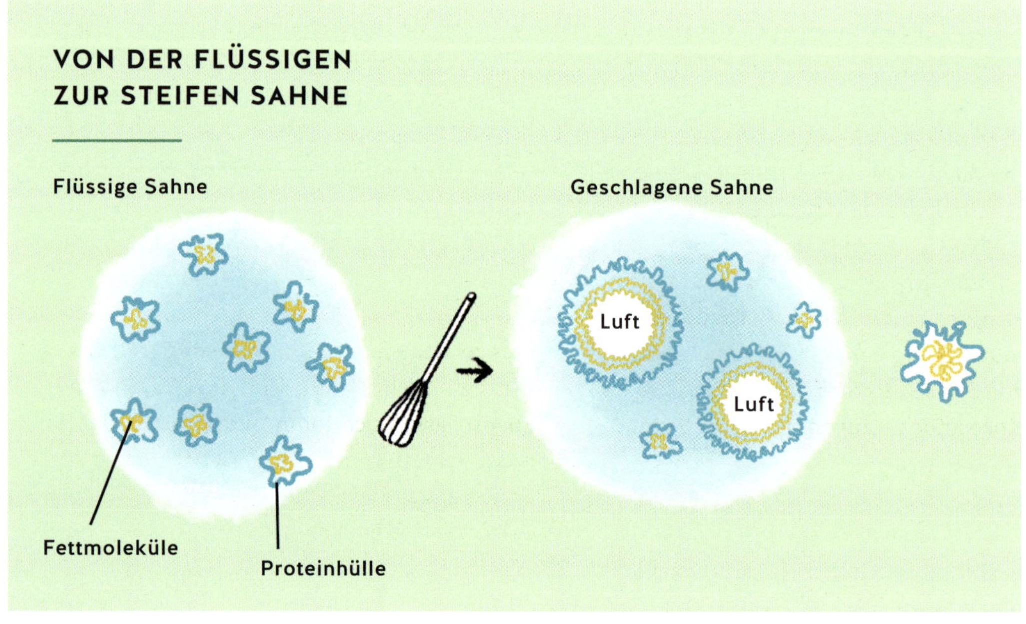

Es würde immer mehr Fett aus den Kügelchen austreten, bis die Sahne körnig oder gar butterartig wird. Die Ursache des Steifwerdens bei der Sahne aus Kuhmilch entspricht vom Prinzip dem Vorgehen bzw. Geschehen bei Schlagcreme auf Pflanzenbasis.

GEHT DAS AUCH VEGAN?

Pflanzenbasierte Sahneprodukte gibt es je nach Verwendungszweck in zwei Varianten: Zum einen vegane Sahne, die sich gut zum Kochen verwenden lässt – zum Beispiel auf Basis von Soja, Hafer oder Mandeln. Ihr Fettgehalt liegt typischerweise unter 20 %. Aus lebensmittelrechtlichen Gründen heißen sie »Whip«, »Cuisine« oder »Creme«.

Zum anderen sind auf dem Markt spezielle vegane Schlagcreme-Produkte zu finden, die ca. 30 % Fett enthalten. Sie sind Schlagsahne aus Kuhmilch nachempfunden und verhalten sich beim Aufschlagen auch sehr ähnlich. Um die beschriebenen besonderen Eigenschaften einer steifen Sahne zu erhalten, enthalten sie neben Wasser und pflanzlichen Fetten verschiedene Verdickungsmittel (z. B. Guarkern-/Johannisbrotkernmehl, Carrageen), Speisestärke oder Emulgatoren (z. B. Mono- und Diglyceride von Speisefettsäuren). Ich selbst verwende gern Kokosmilch – auf der nächsten Seite erfährst du, wie das geht.

PFLANZENCREME SELF MADE

Wenn das Sahneersatzprodukt nicht aufschlagbar sein muss, kannst du auch jedes beliebige Nussmus als Basis für vegane Sahne nehmen. Besonders beliebt sind Mandelmus und Cashewmus. Ebenso lassen sich Tahin (Sesampaste) oder Haselnussmus verwenden. Püriere dazu einfach 100 g Nussmus nach Wahl mit 200 ml Leitungswasser oder ungesüßtem Pflanzendrink.

SO SCHLÄGST DU (PFLANZEN-) SAHNE SCHÖN STEIF

Das solltest du beachten, wenn du Sahne oder Schlagcreme aufschlagen möchtest:

- Die Sahne sollte einen Fettgehalt von mehr als 20 % aufweisen.
- Immer gut gekühlte Sahne verwenden, ideal sind 4°.
- Auch die verwendeten Schüsseln und Behältnisse vorher kurz kühl stellen.
- Erst langsam mit dem Rühren beginnen, dann nach und nach das Tempo erhöhen.
- Falls du die Sahne süßen möchtest, kannst du etwas Puderzucker verwenden. Diesen erst dazugeben, wenn die Sahne bereits beginnt anzudicken.
- Nicht länger als nötig schlagen.

Basisrezept Kokos-Schlagsahne

Für 400 ml (4 Personen) • 25 Min. Zubereitung • 10 Std. Kühlen (über Nacht)

400 g vollfette Kokosmilch (s. Tipp)
1 Pck. Vanillezucker (oder 1 EL Zucker)
1 TL Sahnesteif (oder ½ TL Johannisbrotkernmehl mit ½ TL Puderzucker)

1. Am Vorabend die Kokosmilch in den Kühlschrank stellen und mind. 8 Std., am besten über Nacht, durchkühlen lassen.

2. Am nächsten Tag Kokosmilch, Vanillezucker und Sahnesteif in eine große Schüssel (am besten ebenfalls gekühlt) geben und alles mit den Rührbesen des Handrührgeräts oder der Küchenmaschine 8–10 Min. aufschlagen. Die Kokos-Schlagsahne soll eine cremige Konsistenz haben und locker-fluffig sein.

3. Die Sahne vor dem Essen oder Weiterverarbeiten am besten nochmals 2–3 Std. im Kühlschrank durchkühlen lassen. So wird sie wunderbar fest und lässt sich gut weiterverarbeiten.

Tipp **Das Rezept klappt nur mit zähflüssiger, cremiger, vollfetter Kokosmilch. Entweder kaufst du eine entsprechende Packung (oft im Tetrapak). Oder du lässt eine Dose Kokosmilch über Nacht kopfüber im Kühlschrank stehen. Den flüssigen Anteil schüttest du dann ab (z. B. für Smoothies verwenden), für die Sahne nutzt du nur den »festen« Kokosteil.**

Heiße Schokolade mit Sahne

Für 2 große Tassen (à ca. 300 ml) • 10 Min. Zubereitung

4 EL Kokos-Schlagsahne (s. links)
30–50 g vegane Zartbitterschokolade (mind. 70 % Kakaoanteil)
500 ml Pflanzendrink (ungesüßt; z. B. Mandel- oder Haferdrink)
1 ½ EL Kakaopulver (ungesüßt)
1 Prise Salz
25 g Zucker
1 Prise Zimtpulver
etwas geriebene Zartbitterschokolade zum Garnieren

1. Die Kokos-Schlagsahne rechtzeitig wie beschrieben vorbereiten. Die Schokolade fein hacken. Den Pflanzendrink in einem Topf erhitzen, die übrigen Zutaten – bis auf die Kokos-Schlagsahne – hinzufügen und mit einem Schneebesen unterrühren. (Achtung: Es soll nicht kochen, nur schön heiß werden!)

2. Je nach persönlicher Vorliebe kannst du mehr oder weniger Schokolade hinzufügen. Je mehr, desto süßer und dickflüssiger wird die heiße Schokolade.

3. Zum Servieren die heiße Schokolade auf große Tassen verteilen und mit der Kokos-Schlagsahne toppen. Mit dem Schokoladenabrieb garnieren und sofort trinken.

Variante **Verwende zusätzlich ½–1 TL Lebkuchengewürz für eine weihnachtliche Variante. Auch 1 Schuss Rum passt super.**

Kokos-Pannacotta

Für 4 Personen • 25 Min. Zubereitung • 3 Std. Kühlen

Für die Panna Cotta
1 Vanilleschote
400 g Kokosmilch
100 ml Pflanzendrink (ungesüßt; z. B. Mandel- oder Haferdrink)
3 EL Ahornsirup
2 g Agar-Agar (s. Tipp)
1 Spritzer Zitronensaft

Für die Erdbeersauce
250 g Erdbeeren
1 TL Chia-Samen
½ TL Zitronensaft
4–6 Minzeblätter (nach Belieben)

1. Für die Pannacotta die Vanilleschote mit einem Messer der Länge nach halbieren und das Mark herauskratzen. In einem Topf Kokosmilch, Pflanzendrink, Ahornsirup und Vanillemark aufkochen.

2. Sobald die Flüssigkeit zu kochen beginnt, das Agar-Agar hinzufügen und mit einem Schneebesen gut unterrühren. Alles unter Rühren noch ca. 2 Min. köcheln lassen. Anschließend den Topf vom Herd nehmen und die Flüssigkeit mit Ahornsirup und Zitronensaft abschmecken.

3. Die Pannacotta auf Dessertgläser verteilen und glatt streichen. Dann im Kühlschrank mindestens 3 Std., am besten über Nacht, fest werden lassen.

4. Für die Erdbeersauce die Beeren putzen und gründlich waschen. In einem hohen Rührbecher mit dem Pürierstab so lange fein pürieren, bis eine homogene Masse entstanden ist. Die Chia-Samen und Zitronensaft hinzufügen und alles ca. 15 Min. andicken lassen.

5. Zum Servieren die Erdbeersauce gleichmäßig auf den Gläsern verteilen. Die Minze waschen und trocken tupfen, jedes Glas mit 1 Minzeblatt garnieren.

Tipp **Wundere dich nicht, wenn nach dem Hinzufügen des Agar-Agars die Flüssigkeit nicht gleich dickflüssiger und zäh wird. Agar-Agar emulgiert (festigt sich) erst beim Abkühlen. Achte beim Kauf des Agar-Agars auf die Zutatenliste. Es gibt Varianten, bei denen es bereits mit anderen Zutaten »gestreckt« ist. In diesem Fall musst du die Menge nach Packungsanweisung umrechnen und an die Flüssigkeitsmenge anpassen.**

Ein uraltes Prinzip: gesäuerte Milchprodukte

Als Sauermilchprodukte werden Lebensmittel auf Basis von Milch bezeichnet, die durch von Natur aus vorhandene oder zugesetzte Mikroorganismen gesäuert sind und somit eine (milchsaure) Gärung durchlaufen haben.

Am bekanntesten sind Sauermilch, saure Sahne, Crème fraîche, Buttermilch und vor allem verschiedene Joghurtsorten. Dabei wird von den Mikroorganismen – speziellen Milchsäurebakterien – die Laktose (Milchzucker) zu Milchsäure abgebaut. Es entsteht der typische saure Geschmack, der pH-Wert des Produkts sinkt und hemmt schädliche Bakterien – die Lebensmittel weisen eine erhöhte Haltbarkeit auf. Für viele Produkte werden die in der Milch vorhandenen Milchsäurebakterien genutzt, bei Joghurtprodukten setzt man spezielle Mikroorganismen zusätzlich zu.

GEHT DAS AUCH VEGAN?

Die Milchsäurebakterien und auch die bekannten Joghurtkulturen lassen sich ohne Probleme auch mit anderen Lebensmitteln als Milch verarbeiten – zum Beispiel mit veganen Pflanzendrinks. Dabei gibt es einen wichtigen Unterschied zu beachten: Ein Großteil der Pflanzendrinks kann zwar ohne Probleme versauert werden, wird aber nicht fest. Das merkst du vor allem bei der Zubereitung von veganem Joghurt. Das liegt daran, dass nicht jeder vegane Pflanzendrink ausreichend Eiweiß enthält.

Beim Ansäuern von Milch verklumpen nach und nach die enthaltenen Eiweiße aufgrund der Säure (sie denaturieren, s. S. 15) und die Produkte werden so nach und nach fester. Es sind mindestens 3 % Proteingehalt nötig, damit ausreichend Gerinnung und Verdickung stattfinden kann. Vergleichbar gut funktioniert dieser Vorgang mit Soja- oder Erbsendrink, der 3,5 % Eiweiß enthält, oder Kokosmilch (mind. 60 % Nussanteil, kein Kokosdrink!). Andere Pflanzendrinksorten (z. B. auf Mandel-, Cashew- oder Haferbasis) weisen einen geringeren Proteinanteil auf, weshalb meist Verdickungsmittel wie Agar-Agar oder Tapiokastärke zugesetzt sind und für die nötige Festigkeit sorgen.

HOCHSENSIBLE BAKTERIEN

Allgemein sind Rezepte und Prozesse, bei denen Mikroorganismen – egal ob natürlich vorhanden oder extra hinzugefügt – eingesetzt werden, relativ empfindlich. Vor allem die Temperatur sowie die genaue Zusammensetzung der verwendeten Zutaten spielen für das Endprodukt eine große Rolle. Das wirst du zum Beispiel bei der Zubereitung von Joghurt sofort merken, da sich Geschmack, Aussehen und Konsistenz immer ein wenig unterscheiden. Ähnliches kennst du vielleicht von der Zubereitung von Sauerkraut oder Kimchi. Nimm es sportlich: Etwas Abwechslung und eine kleine Herausforderung schaden ja auch nicht!

BESONDERS FEIN VERGOREN

Kombiniert man die milchsaure Gärung (mithilfe von Milchsäurebakterien) mit der alkoholischen Gärung (v. a. mithilfe von Hefen), entstehen ganz besondere Produkte und Lebensmittel. In Europa

kennt man zum Beispiel Kefir, der sich durch einen säuerlichen Geschmack sowie einen sehr geringen Alkoholgehalt auszeichnet. Ein ähnliches Produkt wie Kefir ist der Kumys asiatischer Steppenvölker, der ebenfalls durch kombinierte Gärung aus Stutenmilch hergestellt ist.

POWER FÜR DAS MIKROBIOM

Bei der Fermentation mit Milchsäurebakterien entstehen sogenannte probiotische Lebensmittel, die unsere Gesundheit fördern können. Milchsäurebakterien helfen dabei, die Gesamtheit unserer Darmbakterien – das Mikrobiom – zu unterstützen und so das Immunsystem zu stärken. Der Effekt tritt bei regelmäßigem Genuss probiotischer Lebensmittel wie beispielsweise Sauerkraut, Kimchi, Sojasauce, Misopaste oder Joghurt ein.

Klugscheißerwissen

Milchsäure ist meistens vegan. Es handelt sich dabei um eine Säure mit der chemischen Formel $C_3H_6O_3$. Der Name geht zurück auf ihren Entdecker, den Chemiker Carl Wilhelm Scheele, der im Jahr 1780 die Milchsäure aus saurer Milch isolieren konnte. Milchsäure wird großindustriell heute vor allem durch Fermentationsprozesse gewonnen, bei denen keine tierischen Produkte verwendet werden. Seltener werden die Milchsäurebakterien auf einem Nährmedium herangezogen, das Milchpulver enthält und damit schon tierischen Ursprungs ist.

Basisrezept Buttermilch

Für 2 Gläser (à ca. 250 ml) • 15 Min. Zubereitung

500 ml Sojadrink (ungesüßt)
2 EL Zitronensaft
(oder Apfelessig)

1. Den Sojadrink mit dem Zitronensaft mischen und gut verrühren. Dann alles bei Zimmertemperatur ca. 10 Min. stehen lassen. Der Sojadrink gerinnt nach und nach und die Konsistenz wird deutlich zähflüssiger, eine Art Buttermilch entsteht. Sie lässt sich sofort verzehren oder weiterverwenden.

Tipp **Anstelle von Zitronensaft kannst du auch Apfelessig nehmen. Er hat einen intensiveren Eigengeschmack als Zitronensaft, sorgt aber für ein tolles säuerliches Aroma. Damit die pflanzliche Milch in Verbindung mit der Säure gerinnt und dickflüssiger wird, benötigt sie einen hohen Eiweißgehalt. Dafür eignet sich Sojadrink besonders gut – eine gute Alternative ist Erbsendrink. Dagegen besitzen Hafer-, Mandel- oder Reisdrink einen deutlich niedrigeren Eiweißgehalt (s. S. 37) und eignen sich weniger bis gar nicht.**

Variante **Für eine Frucht-Buttermilch nutzt du ganz einfach das Grundrezept. Zuvor bereitest du noch Obst nach Belieben vor: Entweder je 1 Handvoll Heidel- oder Erdbeeren verlesen, waschen und trocken tupfen. Oder 1 Nektarine waschen, halbieren und entsteinen. Dann pürierst du die Beeren oder die Frucht mit dem Sojadrink im Hochleistungsmixer oder in einem hohen Rührbecher mit dem Pürierstab. Anschließend gibst du die Säure wie beschrieben zum Obst-Sojadrink-Mix.**

Basisrezept Joghurt

Für ca. 450 g (3 Personen) • 15 Min. Zubereitung • 14 Std. Ruhen (über Nacht)

500 ml veganer Pflanzendrink (ungesüßt; am besten Sojadrink oder Kokosmilch)
Joghurtkulturen oder probiotische Kulturen (aus Reformhaus oder Onlinehandel; s. Tipp)

1. Den Pflanzendrink in einem Topf langsam auf ca. 40° erwärmen (mit einem Speisethermometer oder Fieberthermometer messen!). Anschließend die Joghurtkulturen nach Packungsanweisung abmessen, in den warmen Pflanzendrink rühren und alles mit einem Schneebesen gut mischen.

2. Die Flüssigkeit in ein sauberes Glas oder mehrere kleine Gläser füllen und abdecken. Dazu zum Beispiel ein sauberes Tuch verwenden und mit einem Gummi befestigen. So kann Feuchtigkeit entweichen, ohne dass der Joghurt zu schnell austrocknet.

3. Die Gläser im Joghurtbereiter bei 40° ca. 14 Std., am besten über Nacht, warm halten und ruhen lassen. (Alternativ die Gläser im Backofen oder auf der eingeschalteten Heizung lagern.)

4. Anschließend die Gläser verschließen und im Kühlschrank lagern. Zügig, innerhalb der nächsten 2–3 Tage aufbrauchen.

Tipp **Joghurtkulturen bestehen meistens aus gefriergetrockneten Mikroorganismen, vor allem unterschiedlichen Milchsäurebakterien. Beachte die Packungshinweise beim Kauf der Joghurtkulturen. Je nach Anbieter kann die benötigte Menge sehr stark variieren. Der Unterschied zwischen »mildem« und »saurem« Joghurt entsteht vor allem durch die Auswahl der verwendeten Bakterien, deren Mengenverhältnis untereinander und die dadurch gebildete Säure.**

Statt der Joghurtkulturen kannst du auch einen gekauften veganen Sojaghurt bzw. die in ihm enthaltenen Kulturen verwenden, um damit neuen Joghurt zuzubereiten. Dazu wird die Joghurtalternative mit dem auf 40° erwärmten Pflanzendrink im Verhältnis von ca. 1:4 angesetzt (125 g Joghurt auf 500 ml Pflanzendrink) und wie beschrieben verarbeitet.

Frozen Joghurt ohne Eismaschine

Für 2 Personen • 10 Min. Zubereitung • 12 Std. Gefrieren (über Nacht)

450 g pflanzliche Joghurt-alternative (selbst gemacht, s. S. 51, oder gekauft)
150 g Heidelbeeren (frisch oder TK)
2 EL Ahornsirup
Salz
25 g Puderzucker (s. Tipp)
1–2 Basilikumblätter (nach Belieben)

1. Am Vortag den Joghurt wie beschrieben zubereiten oder einen gekauften verwenden. Den Joghurt gleichmäßig auf die Mulden einer Eiswürfelform verteilen und im Tiefkühlfach ca. 12 Std., am besten über Nacht, gefrieren.

2. Am nächsten Tag die Beeren verlesen, waschen und trocken tupfen (TK-Ware gefroren verwenden). Die gefrorenen Joghurtwürfel mit Beeren, Ahornsirup und 1 Prise Salz im Hochleistungsmixer fein pürieren. Am einfachsten funktioniert es, wenn du einen Stößel für den Mixer besitzt, sodass du die Masse bewegen kannst. Falls die Würfel zu fest sind, noch 1 Schuss veganen Pflanzendrink hinzufügen.

3. Sobald eine homogene Masse entstanden ist, alles mit Puderzucker (s. Tipp) abschmecken. Nach Belieben das Basilikum kurz mitpürieren. Den Frozen Joghurt auf Gläser verteilen und sofort servieren.

Tipp **Natürlich gelingt der Frozen Joghurt auch in der Eismaschine. Dort kannst du die Zutaten vorab pürieren, mischen und bis zur gewünschten Konsistenz 30–35 Min. gefrieren lassen.**

Je höher der Fettanteil im Joghurt ist, desto cremiger wird der Frozen Joghurt – gut funktioniert zum Beispiel Kokosjoghurt. Wenn dein Joghurt recht flüssig ist, kannst du etwas Puderzucker und 1 Schuss vegane Pflanzencreme hinzufügen, sodass der Frozen Joghurt zähflüssiger und cremiger wird.

Wie entsteht aus Pflanzen veganer Käse?

Käse auf Basis von (Kuh-)milch entsteht durch Gerinnung des Eiweißanteils der Milch – des sogenannten Kaseins. Die Gerinnung sorgt dafür, dass der Käse fest und vor allem haltbar wird. Je nach Käsesorte und Herstellungsverfahren unterscheidet sich der Prozess von der Milch als Rohmasse bis zum fertigen Produkt. Am weitesten verbreitet sind dabei Sauermilchkäse, bei dem die Milch mit Milchsäurebakterien versetzt wird und dadurch das Kasein ausgefällt wird. Bei Labkäse wird das Kasein durch Lab, ein Enzymgemisch (traditionell aus Kälbermagen), ausgefällt und dann weiterverarbeitet.

In beiden Fällen entsteht eine Art Proteingel, das erhitzt und gerührt wird. In der Folge trennt sich die Molke vom sogenannten Bruch, sie läuft ab oder wird herausgepresst. Der verbleibende Bruch lässt sich ohne weitere Reifung als Quark, Frisch- oder Hüttenkäse verwenden. Wird der Bruch geformt, gepresst und getrocknet, kann er anschließend reifen. Für spezielle Käsesorten wir Camembert oder Rotschmierer versetzt man die Käselaibe noch mit geeigneten Mikroorganismen.

GEHT DAS AUCH VEGAN?

Für die Herstellung von veganen Käsealternativen gibt es ebenfalls verschiedene Möglichkeiten. Viele pflanzenbasierte Käsesorten im Handel fallen unter die Kategorie »Analogkäse« und sind auf Basis von Stärke und pflanzlichem Fett (z. B. Kokosfett) hergestellt. Das Ausfällen einer Eiweißquelle wird bei diesen Käsesorten umgangen und die gewünschte Konsistenz durch den Fettgehalt und die Menge an Dickungsmitteln individuell angepasst. Der Geschmack lässt sich durch den Zusatz von Gewürzen, Aromen und Säure steuern.

Daneben gibt es vegane Käsealternativen, die nach dem beschriebenen Verfahren für Kuhmilchkäse hergestellt werden. Ausgangsprodukt ist ein Pflanzendrink, vergleichbar mit wichtigen Eigenschaften der Milch. Zugesetzt werden die passenden Bakterienkulturen und, falls nötig, Gerinnungsmittel. Letzteres wird je nach Käsesorte auch Kuhmilch, beispielsweise in Form von Lab, zugesetzt. Wichtig für veganen Käse ist vor allem ein ausreichend hoher Eiweiß- sowie Zuckeranteil.

IDEALE BASIS: CASHEWKERNE

Besonders gut für vegane Käsesorten eignet sich eine Rohmasse aus Cashewkernen. Den aus den Kernen gewonnenen Cashewdrink versetzt man mit den passenden Bakterien. Je nach weiteren Zutaten, verwendeten Bakterienkulturen und Lagerungsdauer erhält man so veganen Frischkäse, Camembert oder Blauschimmelkäse.

Die Herstellung ist – wie bei fast allen Käseprodukten – zeitintensiv (v. a. die Reifung) und gerade in der heimischen Küche fehleranfällig (z. B. durch Verunreinigungen, schwankende Qualität der Zutaten, Temperaturschwankungen u.v.a.). Auf den nächsten Seiten stelle ich dir erst mal Rezepte für veganen Quark, Frischkäse und Reibekäse vor, die ohne große Reifungsdauer funktionieren.

Klugscheißerwissen

Wie kommen die Löcher in den Käse? Und hat veganer Käse auch welche? Verantwortlich für die Löcher zum Beispiel im Emmentaler sind die Propionsäurebakterien. Diese bauen die von den Milchsäurebakterien aus Laktose gebildete Milchsäure unter anderem weiter zu gasförmigem Kohlenstoffdioxid ab. Da Emmentaler eine recht harte Rinde und Textur aufweist, kann das Gas nicht aus dem Käse entweichen. So bilden sich nach und nach Bereiche aus, in denen sich das Gas sammelt und große Löcher im Käse formt. Veganer Käse kann also keine Löcher haben, weil er auch keinen Milchzucker enthält – reifen kann er schon. Es gibt allerdings Möglichkeiten durch mechanischen Einsatz Löcher in veganen Käse zu stanzen. Und in Zukunft wird es mit Sicherheit auch entsprechende Bakterien auf pflanzlicher Basis oder andere Zubereitungsmöglichkeiten geben, die eine ähnliche Wirkung in Verbindung mit einer festen Rinde und Textur haben.

Basisrezept Sojaquark

Für ca. 250 g (5 Portionen) • 5 Min. Zubereitung • 12 Std. Ruhen (über Nacht)

500 g vegane Joghurtalternative auf Sojabasis (selbst gemacht, s. S. 51, oder gekauft)
1 Nussmilchbeutel

1. Den Nussmilchbeutel (alternativ ein sauberes Geschirrtuch) in ein Sieb legen und dieses auf eine passende Schüssel setzen. Die Joghurtalternative in den Nussmilchbeutel geben, diesen oben zusammennehmen und verschließen, zum Beispiel mit einem Gummi oder Band.

2. Das Joghurtpäckchen im Sieb abtropfen lassen, sodass die Flüssigkeit in die Schüssel tropfen kann. Den Sojaghurt auf diese Weise im Kühlschrank 8–12 Std., am besten über Nacht, abtropfen lassen – je länger, umso fester wird der vegane Quark. Anschließend den Quark aus dem Beutel oder Tuch lösen und sofort verwenden. Verschlossen im Kühlschrank aufbewahren und innerhalb 1 Woche aufbrauchen. Die abgetropfte Flüssigkeit ist Molke und lässt sich noch weiterverwenden.

Variante **Statt des Sojaghurts kannst du auch eine vegane Joghurtalternative auf Kokos-, Hafer- oder Mandelbasis verwenden. Der Wassergehalt ist bei jedem pflanzlichen Joghurt etwas anders, sodass sich die Festigkeit des entstehenden Quarks dementsprechend unterscheiden wird.**

Basisrezept Frischkäse

Für ca. 500 g (10 Portionen) • 20 Min. Zubereitung • 12 Std. Einweichen (über Nacht) • 16–48 Std. Reifen (2 Tage) • 2 Std. Kühlen

275 g Cashewkerne
2 Kapseln probiotische Kulturen
zum Verfeinern: Salz, Schnittlauchröllchen, Zitronensaft, Knoblauch und geräuchertes Paprikapulver (nach Belieben)

1. Am Vortag die Cashewkerne in einer Schüssel in reichlich warmem Wasser ca. 12 Std., am besten über Nacht, einweichen.

2. Am nächsten Tag die Cashewkerne in ein Sieb abgießen und abtropfen lassen. Die Cashewkerne mit 80–140 ml Wasser (s. Tipp) im Hochleistungsmixer oder in einem hohen Rührbecher mit dem Pürierstab mindestens 1 Min. pürieren, sodass eine cremige, homogene Masse entsteht.

3. Die Masse in eine Tupperdose oder ein verschließbares Glas füllen, die Bakterienkulturen hinzufügen und alles gut mischen. Das Gefäß mit einem sauberen Geschirrtuch abdecken und bei Zimmertemperatur 16–48 Std. fermentieren lassen. Wie lange es dauert, hängt von den verwendeten Kulturen und vor allem von der Temperatur ab. Du erkennst, dass der Frischkäse fertig ist, sobald sich auf der Oberfläche kleine Luftblasen bilden. Wenn du am Frischkäse riechst, sollte er eine leicht deftige bzw. herbe Note haben, aber noch nicht zu sauer schmecken.

4. Nach dem Fermentieren bzw. Reifen den Frischkäse im Kühlschrank noch mindestens 2 Std. durchkühlen lassen und nach Belieben würzen. Gut dazu passen zum Beispiel Salz und Schnittlauchröllchen, für einen kräftigeren Geschmack Salz, Zitronensaft und durchgepresster Knoblauch oder eine Variante mit geräuchertem Paprikapulver. Den Frischkäse im Kühlschrank gut verschlossen aufbewahren und innerhalb weniger Tage aufbrauchen.

Tipp **Die Menge Wasser, die du benötigst, hängt von der Dauer des Einweichens der Cashewkerne sowie der gewünschten Cremigkeit ab. Beginne mit 80 ml Wasser beim Pürieren und gib nach und nach bis zu 60 ml mehr dazu, bis du mit der Konsistenz zufrieden bist.**

Basisrezept Reibekäse

Für ca. 500 g (10 Portionen) • 30 Min. Zubereitung • 12 Std. Einweichen (über Nacht) • 30 Min. Abkühlen • 8 Std. Reifen (über Nacht)

50 g Cashewkerne
¼ TL gemahlene Flohsamenschalen
70 g raffiniertes Kokosöl (nicht natives Kokosöl!)
2 EL Hefeflocken
½ TL Zwiebelpulver
¼ TL gemahlene Kurkuma
3 EL Tapiokastärke (aus dem Asialaden, s. Tipp)
2 TL Salz
½ TL Reisessig
½ EL helle Misopaste
½ TL Milchsäurebakterien (als Pulver; oder 1 TL Reisessig)
1 EL Carrageen (Verdickungsmittel)
150 ml sehr heißes Wasser

1. Am Vorabend die Cashewkerne in einer Schüssel mit warmem Wasser übergießen und ca. 12 Std., am besten über Nacht, einweichen.

2. Am nächsten Tag Flohsamen und 2 EL Wasser in einer kleinen Schüssel mischen und kurz quellen lassen. Die Cashewkerne in ein Sieb abgießen und abtropfen lassen. Dann mit den gequollenen Flohsamenschalen und 135 ml Wasser im Hochleistungsmixer oder in einem hohen Rührbecher mit dem Pürierstab ca. 1 Min. pürieren, sodass eine cremige Masse entsteht.

3. Das Kokosöl in einem kleinen Topf zerlassen und Hefeflocken, Zwiebelpulver, Kurkuma, Tapiokastärke, Salz, Reisessig, Misopaste und Milchsäurebakterien hinzufügen. Das Cashewpüree dazugeben und alles im Topf mit dem Pürierstab so lange fein mixen, bis es sich gut gemischt hat. Dann das Carrageen und 150 ml sehr heißes Wasser hinzufügen und alles nochmals kurz pürieren.

4. Dann die Masse in Topf unter Rühren so lange erhitzen, bis sie zähflüssig und glänzend ist. Die Masse soll sich wie ein zäher Käse ziehen lassen. Sofort in eine rechteckige Dose (ca. 500 ml Inhalt) füllen und offen ca. 30 Min. abkühlen lassen.

5. Anschließend die Masse im Kühlschrank verschlossen ca. 8 Std., am besten über Nacht, reifen lassen. Am nächsten Tag bzw. zum Servieren den veganen Reibekäse in dünne Scheiben schneiden oder grob bzw. fein raspeln.

Tipp **Bitte ersetze die Tapiokastärke nicht durch eine andere Speisestärke, nur sie führt zu der typisch käsig-zähen Konsistenz. Und gib den veganen Reibekäse am besten immer auf den flüssigen Bestandteil deines Gerichts – so wird er schön cremig und leicht zähfließend wie Parmesan.**

Pflanzen-proteine satt

Wie viel Eiweiß benötigst du eigentlich pro Tag – und kann die Eiweißversorgung bei vegan lebenden Menschen mal kritisch werden? Was hat das mit der biologischen Wertigkeit zu tun und vor allem was sind die besten pflanzlichen Quellen für Proteine?

Wertvolle Proteinquellen in der veganen Küche

Proteine (Eiweiße) sind einer der drei Makronährstoffe neben den Fetten sowie Kohlenhydraten und zählen somit zu den energieliefernden Nährstoffen. Proteine sind für den Körper neben der Eigenschaft als Energielieferant vor allem funktionell und strukturell von Bedeutung. Die aus der Nahrung aufgenommenen Proteine werden im Magen-Darm-Trakt in ihre kleinsten Bestandteile – die Aminosäuren – aufgespalten und können im Anschluss vom Körper verwertet werden.

FAUSTFORMEL PROTEINZUFUHR

Die Menge an Proteinen, die wir pro Tag zu uns nehmen sollten, hängt vor allem von Alter, Geschlecht und besonderen Lebensumständen (z. B. Schwangerschaft, Stillzeit, Hochleistungssport) ab. Als grobe Richtlinie gilt im Erwachsenenalter ein Bedarf von 0,8–1 g Protein pro kg Körpergewicht pro Tag.
Rechenbeispiel:
Das heißt für einen 70 kg schweren Erwachsenen: 56–70 g Protein pro Tag.
Diese Menge ist zum Beispiel in gut 250 g Erdnüssen oder 150–200 g Seitan enthalten.

Unter anderem benötigt der Organismus sie zum Aufbau von körpereigenen Proteinen und damit von Körpersubstanz, Hormonen und Enzymen sowie für ein funktionierendes Immunsystem.

GUTE PROTEINQUELLEN

Nahrungsmittel mit einem hohen Proteingehalt sind vor allem tierische Lebensmittel. Der Grund dafür ist recht einfach: Tiere (entsprechend auch der Mensch) sind strukturell besonders stark mit und aus Proteinen aufgebaut. So befindet sich zum Beispiel in jeder Zelle des Körpers eine Vielzahl unterschiedlicher Proteine. Einen besonders hohen Proteingehalt haben viele Käsesorten, Thunfisch, Putenbrust, Lachs oder auch Hühnereiweiß. Aber auch pflanzliche Lebensmittel, vor allem Hülsenfrüchte (Linsen, Bohnen, Soja oder Kichererbsen), Nüsse (Mandeln, Pistazien oder Walnüsse) sowie Getreide (Hafer, Dinkel oder Roggen) und Pseudogetreide (Amarant, Quinoa oder Hirse) weisen einen hohen Proteingehalt auf.

BIOLOGISCHE WERTIGKEIT

Nur auf den absoluten Proteingehalt eines Lebensmittels zu schauen, reicht leider nicht aus. Proteine bestehen aus Aminosäuren, 21 davon benötigt der menschliche Organismus zum Überleben. Neun sind essenziell, sodass sie über die Nahrung zugeführt werden müssen – die übrigen kann der Körper selbst herstellen. Es ist somit nicht damit getan, nur genügend Proteine zuzuführen, sondern es müssen vor allem die »richtigen« Aminosäuren und speziell das für den Körper nötige richtige

Verhältnis dieser untereinander sein. Um das Verhältnis abschätzen zu können, gibt es die sogenannte biologische Wertigkeit (BW). Damit ist – vereinfacht gesagt – das Verhältnis der essenziellen Aminosäuren im jeweiligen Lebensmittel im Vergleich zu den vom Körper benötigten Aminosäuren bewertet. Je höher die BW, umso besser ist das Protein für den Körper geeignet, um daraus körpereigene Proteine herzustellen. Als Referenz wurde das Hühnerei mit einer BW von 100 festgelegt.

Klugscheißerwissen

Von wegen nur tierisch! Soja weist als »beste« pflanzliche Eiweißquelle eine BW von 98 auf, Bohnen und Mais liegen bei 72, Kuhmilch bei 88 und Rindfleisch bei 80. Interessant: Viele traditionell vegane Gerichte kombinieren ohnehin verschiedene Pflanzenproteine – so bei der Kombi Falafel und Fladenbrot, Linsen-Dal und Reis, Bohnen mit Mais- oder Weizen-Tortillas oder eifreier Pasta mit Linsen.

SO BEKOMMST DU GENUG

Durch clevere Kombination von Lebensmitteln lässt sich die biologische Wertigkeit von einzelnen Lebensmitteln außerdem enorm aufwerten. So besitzt die Kombi von Soja und Reis zum Beispiel eine BW von 111 oder von Bohnen und Mais eine von 101. Es kommt also nicht nur darauf an, wie hoch der Proteingehalt eines Lebensmittels ist, sondern vor allem auf die enthaltenen Aminosäuren und darauf, mit was gemeinsam es gegessen wird!

Für alle Veganer und Veganerinnen wichtig: Du solltest immer verschiedene pflanzliche Proteinquellen kombinieren, dabei kann das auch über einen ganzen Tag verteilt sein – es muss nicht innerhalb einer Mahlzeit sein. So bist du in Sachen Proteinversorgung auf der sicheren Seite! Denn wie zahlreiche Studien zeigen, erreichen auch Menschen, die sich vegan ernähren, in der Regel eine ausreichende Proteinzufuhr.

Kritisch wird dies meist erst, wenn man sich sehr einseitig ernährt oder generell nur sehr wenig isst.

Für Veganer am besten jeden Tag: Hülsenfrüchte

Hülsenfrüchte sind botanisch gesehen die Streufrüchte der Hülsenfrüchtler (Leguminosen). Als Lebensmittel werden in der Regel nicht die Früchte, sondern die darin eingeschlossenen Samen verwendet. Am weitesten verbreitet sind Bohnen, Erbsen, Erdnüsse, Kichererbsen und Linsen sowie Sojabohnen und Lupinen. Hülsenfrüchte gelten als die Königinnen der Lebensmittel. Nicht nur sind sie reich an Eiweiß, Ballaststoffen, Eisen, Zink, Kalzium, Selen, B-Vitaminen sowie sekundären Pflanzenstoffen. Sie lassen sich darüber hinaus auch ressourcenschonend anbauen und vielfältig in der Küche einsetzen.

SO VERWENDEST DU HÜLSENFRÜCHTE

Hülsenfrüchte müssen in der Regel vor dem Essen gegart werden. Das Erhitzen macht sie sicher zum Verzehr, sie sind danach deutlich verträglicher und vom Körper besser resorbierbar (d. h. die biologische Verfügbarkeit wird erhöht).

Das hat mehrere Gründe: Einige Hülsenfrüchte (und auch Gemüsesorten) enthalten Lektin, ein komplexes Protein, das für den Menschen im rohen Zustand giftig ist. Es verklumpt die roten Blutkörperchen und sorgt für Kopfschmerzen, Erbrechen sowie Magen-Darm-Beschwerden. Dank Blanchieren oder Kochen lässt sich das Lektin in eine für den Körper verträgliche Form denaturieren. Diese Form bleibt auch erhalten, wenn das Essen wieder abgekühlt ist. Eine extrem hohe Konzentration an Lektin weisen Kichererbsen, Feuer-, Soja- und grüne Gartenbohnen auf. Ausnahme sind die knackigen grünen Zuckerschoten, sie enthalten kaum Lektin und können daher auch roh gegessen werden.

Daneben kommt in Hülsenfrüchten Phytinsäure vor, die mit Mineralstoffen wie Eisen, Kalzium oder Zink Komplexe bilden kann. In dem Fall stehen diese für den Körper nicht mehr zur Verfügung. Durch Erhitzen, Einweichen oder Fermentieren (z. B. bei Tempeh, s. S. 76) wird das Enzym Phytase freigesetzt, das die Phytinsäure abbaut.

Klugscheißerwissen

Hülsenfrüchte sind reich an der Aminosäure Lysin. Sie ergänzen damit hervorragend das Aminosäurespektrum vieler Getreidesorten. Diese enthalten nämlich kaum Lysin. Die Kombi von Hülsenfrüchten und Getreide steigert so die biologische Wertigkeit (s. S. 65) – wie bei eifreier Pasta mit Linsen oder Hummus mit Brot.

SPROSSEN UND KEIMLINGE

Als Sprossen oder auch Sprossengemüse werden die jungen Austriebe von Pflanzen oder aus Samenkörnern gekeimten Jungpflanzen bezeichnet. Viele dieser Sprossen sind zum Verzehr geeignet und zeichnen sich durch einen hohen Gehalt an Vitaminen sowie sekundären Pflanzenstoffen aus. Während des Keimprozesses nimmt der Gehalt an enthaltenen Antioxidanzien stark zu.

Bekannte Sprossen aus Hülsenfrüchten sind vor allem Soja-, Mungo-, Adzuki-, Linsen-, Erbsen- und Kichererbsensprossen. Auch Getreide (z. B. Weizen, Hafer) oder Saaten (z. B. Gartenkresse, Senf) lassen sich gut zu Keimlingen ziehen.
Da viele Sprossen bei hoher Luftfeuchtigkeit gezogen werden, sind sie im Vergleich zum Beispiel zu zahlreichen Gemüsesorten anfällig für verschiedene Krankheitserreger. Sprossen sollten daher idealerweise immer gründlich gereinigt und möglichst frisch verzehrt werden. Alternativ kannst du sie ca. 30 Sek. in kochendem Wasser blanchieren.

SO WERDEN HÜLSENFRÜCHTE BEKÖMMLICH

Hülsenfrüchte enthalten 10–20 % Kohlenhydrate, ein Teil davon ist für den menschlichen Körper nicht verwertbar. Denn sie gelangen unverdaut in den Dickdarm, wo sie durch Darmbakterien abgebaut werden. Dabei entstehen unter anderem Kohlenstoffdioxid, Methan und Wasserstoff – klassische Bestandteile von Darmgasen und somit verantwortlich für Blähungen. Zur besseren Verträglichkeit gibt es ein paar einfache Tipps und Tricks:

- Getrocknete Hülsenfrüchte vor dem Garen in Wasser einweichen, aber in frischem Wasser garen. Dann in ein Sieb abgießen und gründlich abbrausen.
- Garen, blanchieren, abgießen – und das Kochwasser nicht weiterverwenden.
- Die verzehrte Menge nach und nach steigern, mit gut verträglichen Sorten wie roten Linsen starten.
- Achte darauf, ob du etwa bestimmte Kombinationen nicht gut verträgst (z. B. Smoothies mit Obst und Kohlenhydraten und danach Hülsenfrüchte).
- Verwende die Hülsenfrüchte zerstampft, püriert oder anderweitig verarbeitet, so kann der Magen sie besser verwerten.
- Gewürze wir Kurkuma, Zimt oder Kreuzkümmel können die Gasbildung etwas dämpfen.
- Gut kauen! Das hilft in vielen Fällen.
- Hab ein wenig Geduld, der Magen-Darm-Trakt benötigt bei einer Ernährungsumstellung immer etwas Zeit!

Pasta mit Linsenbolognese

Für 4 Personen • 45 Min. Zubereitung

2 Zwiebeln
2 Knoblauchzehen
1 getr. rote Chilischote
½ Stange Lauch
2 Möhren
100 g Knollensellerie
100 g braune Champignons
2 EL Olivenöl
2 EL Tomatenmark
100 ml veganer Rotwein
1 Dose stückige Tomaten (ca. 400 g)
150 g Linsen (z. B. rote, grüne oder Berglinsen, s. Tipp)
150–250 ml Gemüsebrühe (je nach Linsensorte)
2 Lorbeerblätter
1 TL getr. Thymian
½ TL getr. Rosmarin
1 TL getr. Majoran
Salz, Pfeffer
320 g Spaghetti (oder eine andere Nudelsorte)
4 EL gehackte Petersilie

1. Zwiebeln und Knoblauch schälen und fein würfeln. Die Chilischote ebenfalls fein hacken (Hände danach waschen!). Den Lauch putzen, waschen und in dünne Ringe schneiden. Möhren und Sellerie putzen, schälen und ca. 5 mm klein würfeln. Die Pilze putzen, bei Bedarf mit einem Tuch abreiben und ebenfalls in kleine Würfel schneiden.

2. In einer großen Pfanne das Öl erhitzen und Zwiebeln, Knoblauch, Chili und Lauch darin andünsten. Das Tomatenmark und das übrige Gemüse hinzufügen. Alles kurz andünsten und gut mischen. Den Rotwein zugießen und kurz etwas einköcheln lassen.

3. Anschließend die stückigen Tomaten und die Linsen dazugeben und alles mit so viel Brühe auffüllen, dass die Pfanne leicht mit Flüssigkeit bedeckt ist. Lorbeerblätter, Thymian, Rosmarin und Majoran hinzufügen und die Bolognese offen bei kleiner Hitze leise köcheln lassen. Sie ist fertig, sobald Linsen und Sellerie weich sind. Das dauert je nach Linsensorte 15–30 Min. Die Lorbeerblätter wieder entfernen und die Bolognese mit Salz und Pfeffer würzen.

4. Inzwischen die Nudeln nach Packungsanweisung in Salzwasser al dente garen. In einem Sieb abtropfen lassen und mit der Bolognese servieren. Mit der Petersilie garnieren.

Tipp **Rote Linsen zerfallen beim Kochen wunderbar und haben einen dezenten Eigengeschmack. Du kannst alternativ auch Tellerlinsen oder Berglinsen verwenden – hier kann es sein, dass du ein wenig mehr Wasser benötigst und die Linsen im Vergleich zu den roten Linsen etwas bissfester bleiben. Falls du ein Bund Suppengrün bekommst, kannst du dieses super benutzen – meist besteht es aus Möhren, Lauch, Sellerie und etwas Petersilie.**

Basisrezept Hummus

Für 4 Personen • 30 Min. Zubereitung • 12 Std. Einweichen (über Nacht) • 1 Std. Garen

125 g getr. Kichererbsen
(oder 1 Dose gegarte Kichererbsen, ca. 240 g Abtropfgewicht)
2 Knoblauchzehen
Saft von 1 Zitrone
100 g Tahin (Sesampaste)
Salz
½ TL gemahlener Kreuzkümmel
etwas Olivenöl und einige Petersilienblätter zum Garnieren

1. Am Vorabend die Kichererbsen in einer Schüssel mit Wasser bedecken und ca. 12 Std., am besten über Nacht, einweichen.

2. Am nächsten Tag die Kichererbsen in ein Sieb abgießen und in einem Topf mit frischem Wasser bedecken. Zugedeckt in ca. 1 Std. weich garen. Anschließend 1 EL gegarte Kichererbsen zum Garnieren beiseitestellen. Die übrigen Kichererbsen (oder die Dosenware) in ein Sieb abgießen, abbrausen und gut abtropfen lassen. Dann in einen Hochleistungsmixer oder die Küchenmaschine mit S-Klinge (Food-Processor) geben. Den Knoblauch schälen und mit dem Zitronensaft hinzufügen. Langsam mit dem Pürieren beginnen und nach und nach das Tahin hinzufügen.

3. Je nachdem, wie du die Konsistenz des Hummus am liebsten magst, kannst du beim Pürieren noch etwas sehr kaltes Wasser hinzufügen. Dadurch wird der Hummus besonders cremig und fluffig. Sobald die Konsistenz wie gewünscht ist, den Hummus mit Salz und Kreuzkümmel abschmecken.

4. Zum Servieren den Hummus in eine flache Schüssel füllen und in der Mitte mit einem Löffel eine kleine Vertiefung eindrücken. Darauf verteilst du etwas Olivenöl, die beiseitegelegten Kichererbsen und frische Petersilie.

Variante **Für einen Avocado-Hummus gib zusätzlich zu den Kichererbsen das ausgelöste Fruchtfleisch von 1 reifen Avocado dazu und püriere dieses einfach mit. Dazu passt hervorragend ein wenig gemahlener Koriander als Gewürz oder frisches Koriandergrün zum Garnieren.**

Hirse-Kichererbsen-Salat mit Tofu

Für 4 Personen • 30 Min. Zubereitung

Für den Tofu
250 g Tofu
2 EL Olivenöl
1 EL Sojasauce
1 EL Ahornsirup
Salz, Pfeffer
Chilipulver

Für den Salat
240 g Hirse
1 rote Zwiebel
1 Salatgurke
2 Möhren
1 Dose Kichererbsen
(ca. 240 g Abtropfgewicht)
75–100 g getr. Tomaten
(in Öl eingelegt)
50 g Baby-Blattspinat
(oder Rucola)
1 Avocado (nach Belieben)

Für das Dressing
1 Knoblauchzehe
50 ml Olivenöl
2 Handvoll Basilikumblätter
1 TL Agavendicksaft
(oder Ahornsirup)
Salz, Pfeffer
Saft von 1 Zitrone

1. Für den Tofu den Backofen auf 180° vorheizen. Ein Backblech mit Backpapier belegen. Den Tofu trocken tupfen und in ca. 1 cm dicke, mundgerechte Scheiben schneiden. Öl, Sojasauce, Ahornsirup, Salz, Pfeffer und 1 Prise Chilipulver gut verrühren. Den Tofu in einer Schüssel mit der Marinade mischen. Dann auf dem Blech verteilen und im Ofen (Mitte) 10–12 Min. backen, bis der Tofu beginnt, Farbe anzunehmen. Herausnehmen und auf einem Kuchengitter abkühlen lassen.

2. Währenddessen für den Salat die Hirse in einem Sieb abbrausen, dann in einem Topf in wenig Wasser zugedeckt nach Packungsanweisung in 7–10 Min. bissfest garen. Vom Herd nehmen und etwas abkühlen lassen.

3. Inzwischen die Zwiebel schälen und fein würfeln. Gurke waschen und in mundgerechte Stücke schneiden. Möhren schälen und auf der Gemüsereibe grob raspeln oder in sehr dünne Stifte schneiden. Kichererbsen in einem Sieb abbrausen und abtropfen lassen. Eingelegte Tomaten klein schneiden. Spinat putzen, waschen und abtropfen lassen. Alle Zutaten für den Salat in einer Salatschüssel mischen.

4. Für das Dressing den Knoblauch schälen und in einen hohen Rührbecher pressen. Die übrigen Zutaten dazugeben und alles mit dem Pürierstab fein pürieren. Das Dressing mit Salz, Pfeffer und Zitronensaft abschmecken und unter den Salat mischen.

5. Zum Servieren den Salat auf Tellern anrichten und den Tofu daraufsetzen. Wer will, schält noch die Avocado, schneidet sie in kleine Würfel oder Spalten und hebt sie ebenfalls unter den Salat.

Variante **Statt der Hirse kannst du auch die gleiche Menge Gerste, Buchweizen oder Quinoa verwenden. Genauso passen eingelegte Artischocken noch super zum Salat!**

Die Sojabohne: ein echtes Multitalent

Die Sojabohne gehört ebenfalls zur Familie der Hülsenfrüchtler und ist eine der ältesten verwendeten Nutzpflanzen der Menschheit überhaupt. Darüber hinaus wird sie aktuell auf ca. 6 % der weltweiten Nutzflächen angebaut und ist somit die weltweit wichtigste Ölsaat. Für ihren hohen Wert gibt es viele verschiedene Gründe.

DAS INNERE MACHT'S

Die Sojabohnen sind äußerst reich an Eiweiß, Fett und Ballaststoffen. Insbesondere der hohe Eiweißgehalt und vor allem die hohe biologische Wertigkeit der enthaltenen Proteine machen Soja zu einer so besonderen und wertvollen Pflanze. Das ist auch der Grund, warum Soja so häufig als Nahrungsmittel für die industrielle Massentierhaltung eingesetzt wird.
Aktuell werden über 75 % des weltweit angebauten Sojas als Tierfutter und weniger als 20 % als Nahrungsmittel für den Menschen eingesetzt, davon ca. 3 % für Tofu. Das vermeintliche Argument, dass für Tofu oder Tempeh in Südamerika Regenwald abgeholzt wird, ist daher Quatsch. Wenn du in Deutschland ein Lebensmittel mit Soja wie Tofu oder Sojadrink kaufst, kommt das enthaltene Soja zu fast 100 % aus Europa, in seltenen Fällen aus den USA. Kaufst du ein Stück Fleisch, sieht das leider häufig ganz anders aus.

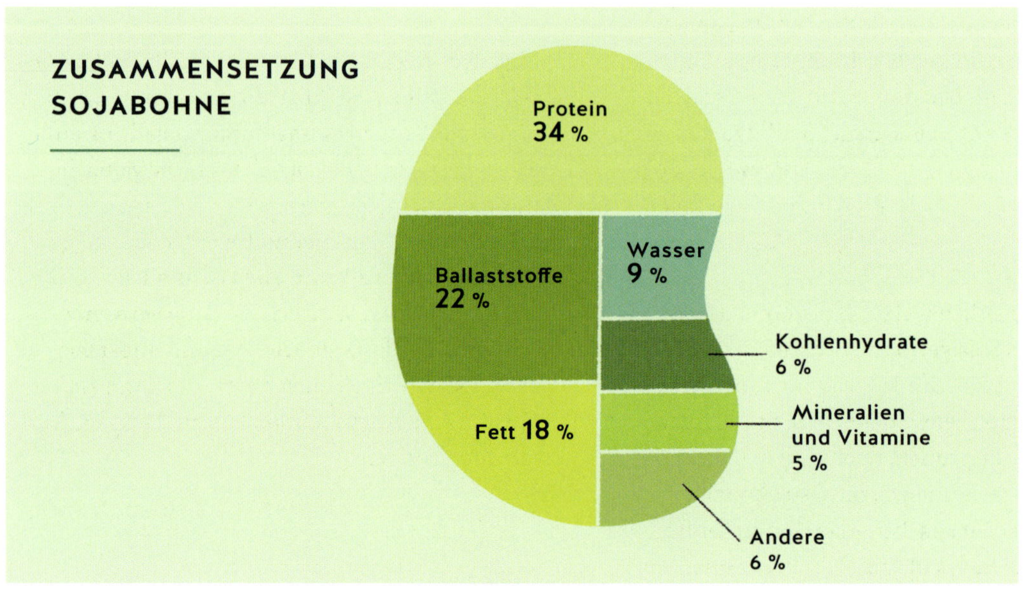

EIN NATÜRLICHER DÜNGER

Egal wie wertvoll und eiweißreich die Inhaltsstoffe der Sojabohne sind – wenn sich die Pflanze schlecht anbauen ließe, wäre sie weltweit nicht so verbreitet. Soja ist ein genügsamer Vertreter der Hülsenfrüchtler und wird in vielen Ländern der Welt angebaut, dazu gehören Europa, Russland, Nord- und Südamerika, aber auch Indien und China. Die Sojapflanze zeichnet sich dabei durch eine tolle Fähigkeit aus, die sie im Anbau so wertvoll macht: Sie ist in der Lage, durch Knöllchenbakterien Stickstoff aus der Luft zu binden und sich somit selbst mit diesem besonders wichtigen Nährstoff zu versorgen. Stickstoff ist schließlich einer der wichtigsten Bestandteile von Dünger.

Gleichzeitig kann die Sojapflanze so einen mit Stickstoff angereicherten Boden hinterlassen, sofern die entsprechende Fruchtfolge im Anbau berücksichtigt wird. Bei Monokulturen, extensiven Brandrodungen etc. entstehen allerdings zahlreiche Folgeprobleme, weshalb die Vorzüge der Sojapflanze dann nicht mehr groß ins Gewicht fallen.

VIELSEITIG ANWENDBAR

Du kennst sicherlich viele Lebensmittel und Produkte, die aus Soja gewonnen werden: Tofu, Tempeh, Sojasauce, Sojadrink, Sojaghurt, aber auch Sojaöl oder getoastetes Sojamehl. Unter Edamame versteht man die grünen, noch unreifen Sojabohnen. Diese sogenannten Gemüsesojabohnen kannst du gekocht snacken – sie sind lecker mit Dips. Sojaöl dient nicht nur als Lebensmittel, sondern auch für die Produktion von Biodiesel. In der Pharmazie und Medizin wird Soja ebenfalls verwendet, meist auch als Sojaöl.

Klugscheißerwissen

Eine weitere Besonderheit von Soja ist das enthaltene Lecithin. Dieser natürliche Emulgator findet in vielen Lebensmitteln und lebensmitteltechnischen Prozessen Verwendung. Dies ist der Grund, warum sich ein Sojadrink ohne Probleme aufschäumen lässt und zur Herstellung von Sojaghurt sowie veganer Mayonnaise eignet (s. S. 24).

YUBA

Eine eher weniger bekannte Spezialität auf Basis von Sojabohnen ist Yuba, die sogenannte Sojabohnenhaut. Wenn man ungesüßten Sojadrink auf 80–90° erhitzt, bildet sich darauf eine gelbliche dünne Schicht, die abgezogen werden kann. Diese »Haut« wird getrocknet und gefaltet oder aufgerollt und dann verkauft. Yuba ist ähnlich wie Tofu proteinreich und lässt sich vielfältig verwenden: So kann Yuba kurz eingeweicht und direkt verzehrt werden. Es ist auch prima, um darin andere Speisen einzuwickeln und dann zu dämpfen, braten oder frittieren.

Große Sojavielfalt: Tofu, Tempeh und Co.

Die Vielseitigkeit der Sojapflanze zeigt sich vor allem beim Einsatz als Lebensmittel – sei es als Grundzutat für Sojasauce oder als verarbeitetes Produkt wie Tempeh. Einige Zubereitungstechniken ähneln der Verarbeitung von Kuhmilch (s. S. 34). Das ist auch der Grund, warum in der Tofuproduktion häufig gelernte KäserInnen arbeiten. Zu den bekanntesten Lebensmitteln auf Sojabasis gehören Tofu, Tempeh, Sojadrink, Sojaghurt, Misopaste, Sojasauce und Natto.

DER KLASSIKER: TOFU

Bei der Herstellung von Tofu werden die Sojabohnen zunächst gründlich gewaschen und ca. 12 Std. eingeweicht. Dabei nehmen sie Wasser auf und verdoppeln fast ihre Größe. Anschließend püriert man die Bohnen und kocht sie in Wasser. Danach werden die Schalen- und Faserstoffe abgetrennt, zurück bleibt der Sojabohnensaft, besser bekannt als Sojadrink. Er ist der Ausgangspunkt für alle weiteren Arbeitsschritte und Sojaprodukte.

Für Tofu wird als nächstes der Sojadrink mit einem Gerinnungsmittel versetzt, wie mit dem traditionellen Nigari (aus Meerwasser) bzw. Kalziumsulfat. Der Sojadrink beginnt auszuflocken, sodass sich Molke und Sojaeiweiß trennen. Dieses Sojaeiweiß ist die Rohmasse, die man als »Naturtofu« im Handel erhält. Es wird nur noch in große Kästen gepresst bzw. in Form gebracht, dann werden die Tofublöcke geschnitten und im Wasserbad abgekühlt. Räuchert man die Tofublöcke im Anschluss noch über würzigen Holzspänen, erhält man Räuchertofu. Über dem Rauch bildet er sein typisches, würzig-rauchiges Aroma aus und verliert einen Teil des enthaltenen Wassers. Räuchertofu ist deswegen deutlich (biss-)fester und lässt sich zum Beispiel gut als einfacher »Aufschnitt« für Brot verwenden. Dann gibt es noch Seidentofu, mehr Informationen dazu findest du auf S. 83.

DER VEREDELTE: TEMPEH

Tempeh wird durch die Fermentation von gekochten Sojabohnen mit einem Schimmelpilz hergestellt. Dazu verwendet man spezielle Edelschim-

NOCH MEHR SOJAPRODUKTE

Damit du einen Eindruck von der Vielseitigkeit der Sojabohne bekommst: Sie wird auch zu (getoastetem) proteinreichem Mehl sowie zu Flocken verarbeitet. Aus Soja besteht weiterhin das sogenannte TVP (textured vegetable protein), landläufig als Sojaschnetzel oder Sojagranulat bekannt. Schließlich schätzen manche die gerösteten Sojakerne als einfachen Snack – genauso wie die sogenannten Edamame, die unreif geernteten Sojabohnen, die noch mit Schote angerichtet werden.

mel, die die Sojabohnen als Ganzes vollständig umschließen. Beim Fermentationsprozess entsteht der charakteristische, nussige Geschmack des Tempehs. Der häufig typische Eigengeschmack von Soja tritt deutlich in den Hintergrund. Falls du also den Soja-Eigengeschmack nicht besonders magst, solltest du Tempeh unbedingt einmal probieren.

MISOPASTE

Hierfür dämpft man Sojabohnen und vergärt sie anschließend langsam mit weiteren Zutaten wie gedämpftem Reis oder Gerste in geschlossenen Fässern. Zum Gärungsprozess werden Koji-Schimmelpilze beigegeben, die in Kombination mit Sojabohnen sowie Getreide den typischen Umami-Geschmack (s. S. 99) bilden. Dadurch eignen sich mit Koji vergorene Lebensmittel hervorragend zum deftigen und herzhaften Abschmecken von Gerichten. Misopaste gibt es im Herkunftsland Japan in verschiedensten Varianten, bei uns vor allem als helle und dunkle Paste.

SOJASAUCE

Sojasaucen sind aus gemahlenen und gedünsteten Sojabohnen sowie geröstetem Weizenschrot hergestellt. Beides wird gemischt und ebenfalls mit Koji-Schimmelpilzen versetzt, wodurch eine Art Maische entsteht. Diese wird mit Wasser und Salz gemischt und in Zedernholzfässern fermentiert. Sojasauce reift viele Monate, teilweise auch Jahre, im Anschluss wird sie filtriert und pasteurisiert. Unter Tamari versteht man eine kräftige Sojasauce, die ohne Weizen und damit glutenfrei ist.

Die traditionelle Herstellung von Sojasaucen kann ein Stück weit mit der Produktion von Wein verglichen werden. Auch hier spielen viele Faktoren wie Temperatur, Material der Reifefässer, Reifeort, Dauer der Fermentation und vieles andere mehr eine Rolle für den Geschmack. Industriell lassen sich Sojasaucen mittlerweile in wenigen Tagen herstellen: Dazu wird Sojaprotein als Basis unter anderem mit Hefekulturen und Milchsäurebakterien versetzt. Der Geschmack der so hergestellten Sojasaucen unterscheidet sich stark von der klassischen Variante. Sie enthalten oft Zucker, Aromen, Glutamat, Konservierungs- oder Farbstoffe.

NATTO

Hierfür werden ganze Sojabohnen gekocht und mit einem Bakterium fermentiert, das einen fädenziehenden Schleim rund um die Bohnen bildet. Bei der Fermentation entstehen Vitamin K2 sowie B-Vitamine, Ammoniak und Schwefelverbindungen, die unter anderem für den etwas strengeren Geruch von Natto sorgen. Er schmeckt leicht nussig-süß, aber gleichzeitig herzhaft-kräftig.

Basisrezept Tempeh

Für 8 Portionen • 1 Std. Zubereitung • 14 Std. Einweichen (über Nacht) • 48 Std. Reifen

500 g getr. Sojabohnen (alternativ bereits geschälte und halbierte Sojabohnen)
2 EL Weißweinessig
1 TL Tempeh-Starter (aus dem Online-Handel)

1. Am Vorabend die Sojabohnen in einer Schüssel mit Wasser übergießen und 12–14 Std., am besten über Nacht, einweichen.

2. Am nächsten Tag die Sojakerne »schälen«. Dazu die weiche Hülle mit den Händen abpulen. Am besten die Bohnen gleichzeitig mit den Händen zerdrücken, sodass sie in der Mitte auseinanderbrechen. Am Ende die Hüllen einfach aus dem Wasser abschöpfen.

3. Die halbierten Sojabohnen in ein Sieb abgießen und gut abtropfen lassen, dann in einem Topf zugedeckt mit ausreichend Wasser bei kleiner Hitze 45–50 Min. garen. Die Sojabohnen sollten anschließend weich, aber nicht matschig sein. Die Sojabohnen in ein Sieb abgießen und kurz abtropfen lassen, dann auf einem Geschirrtuch ausbreiten und gut trocknen sowie abkühlen lassen. Die Sojabohnen sollen fast Zimmertemperatur erreichen.

4. Zum Reifen ein oder zwei Gefrierbeutel oder Frischhaltebeutel mit einer scharfen Schere oder einem Holzstäbchen alle paar Zentimeter mehrmals einstechen, sodass später eine gute Luftzirkulation garantiert ist. Die trockenen Sojabohnen mit dem Essig mischen. Anschließend den Tempeh-Starter hinzufügen und gleichmäßig verteilen. Die Masse auf den/die Gefrierbeutel verteilen, dabei jeden Beutel so gut füllen, dass eine kompakte, zusammengedrückte Form entsteht (ca. 10 × 15 cm). Den Tempeh bei 30–34° ca. 24 Std. ruhen und reifen lassen (im Backofen oder einem Gefäß mit Wärmflasche darunter und Deckel darauf).

5. Nach ca. 12 Std. sollte nach und nach der weiße Schimmelpilz sichtbar werden und sich ausbreiten. Nach ca. 24 Std. produziert dieser genug Wärme, sodass man den Ofen ausschalten bzw. die Wärmequelle entfernen kann. Der Tempeh benötigt je nach Temperatur und Starterkulturen bis zu 48 Std. Fertig ist er, wenn er vollständig vom Schimmel überzogen ist. Dann aus dem Beutel nehmen, abkühlen lassen und luftdicht im Kühlschrank lagern. Innerhalb weniger Tage verbrauchen (alternativ einfrieren).

Orangen-Tempeh-Gemüse mit Reis

Für 4 Personen • 45 Min. Zubereitung • 8 Std. Marinieren (über Nacht)

Für den Tempeh
3 Knoblauchzehen
1 Stück Ingwer (ca. 3 cm lang)
1 getr. rote Chilischote
Saft von 1 Orange
Saft von 1 Limette
3 EL Öl (Rapsöl oder Sonnenblumenöl)
3 EL Sojasauce
2 EL Ahornsirup
175 g Tempeh (selbst gemacht, s. S. 78, oder gekauft)

Außerdem
240 g Wildreis
2 Möhren
¼ Chinakohl
½ Brokkoli
1 Frühlingszwiebel
1 rote Spitzpaprika
1 grüne Paprika
1 Handvoll Mungbohnensprossen
Öl zum Anbraten
Salz, Pfeffer
einige Blätter Koriandergrün oder Petersilie zum Garnieren

1. Am Vorabend für den Tempeh den Knoblauch schälen und durchpressen. Ingwer schälen und samt Chilischote sehr fein hacken. Alles mit Zitrussäften, Öl, Sojasauce und Ahornsirup mischen. Den Tempeh in mundgerechte Stücke (am besten nicht zu klein, da er sonst auseinanderbricht) schneiden und in einer Schüssel mit der Marinade mischen, dann im Kühlschrank 4–8 Std., am besten über Nacht, durchziehen lassen. Dabei darauf achten, dass die Marinade gleichmäßig verteilt ist.

2. Am nächsten Tag den Wildreis nach Packungsanweisung bissfest garen. Möhren schälen und in dünne Scheiben schneiden. Den Strunk des Chinakohls entfernen, Blätter waschen, abtropfen lassen und in Streifen schneiden. Brokkoli putzen, waschen und in Röschen teilen. Frühlingszwiebel putzen, waschen und in dünne Ringe schneiden. Paprika waschen, halbieren, weiße Trennwände und Kerne entfernen, die Hälften in kleine Würfel schneiden. Sprossen in einem Sieb heiß abbrausen und abtropfen lassen.

3. Den Tempeh aus der Marinade nehmen und kurz abtropfen lassen, den Rest der Marinade beiseitestellen. In einer großen Pfanne oder einem Wok etwas Öl erhitzen und den Tempeh darin auf jeder Seite kurz scharf anbraten. Die Hitze reduzieren, Möhren und Chinakohl hinzufügen und ca. 2 Min. mitanbraten. Danach Brokkoli, Frühlingszwiebel, Paprika und Sprossen hinzufügen. Alles nochmals unter Rühren braten. Das Gemüse sollte dann gar sein, aber noch gut Biss haben.

4. Die beiseitegestellte Marinade zum Tempeh-Gemüse geben und alles mit Salz und Pfeffer sowie nach Belieben mit Sojasauce und Ahornsirup kräftig abschmecken. Zum Servieren den Wildreis mit Orangen-Tempeh-Gemüse auf Tellern anrichten und mit Koriandergrün oder Petersilie garnieren.

Mit diesen Tricks & Tipps schmeckt jeder Tofu

Naturtofu besitzt noch einen hohen Wassergehalt. Wenn du ihn kaufst, ist er meist in einer Plastikverpackung mit etwas Wasser eingeschweißt. Alternativ wird er auch in großen Behältern in einer Lake geliefert und dann direkt verwendet. Du kannst dir Naturtofu wie einen Schwamm vorstellen, der mit Wasser vollgesogen ist. Für die Verwendung zum Kochen ist es daher sinnvoll, einen Teil des Wassers aus dem Tofu zu entfernen und dafür zum Beispiel mit einer Marinade den gewünschten Geschmack in den Tofu selbst zu bekommen. Darüber hinaus gibt es verschiedene Möglichkeiten, Tofu so zuzubereiten, dass er unterschiedliche Konsistenzen (z. B. weich, knusprig, bissfest) erhält.

TOFU MARINIEREN

Zum Marinieren eignet sich Naturtofu gut, da er wenig Eigengeschmack mit sich bringt. Damit er die Marinade aufnehmen kann, musst du zunächst etwas Wasser aus dem Tofu herausholen. Dafür nimmt man ihn aus der Verpackung, lässt ihn kurz abtropfen und setzt ihn zwischen zwei Lagen Geschirrtuch oder Küchenpapier. Der Tofu wird nun beschwert, zum Beispiel mit einem schweren Topf oder einer Backform mit Gewicht darauf, und über Nacht gepresst. Im Anschluss schneidest du den Tofu in die gewünschte Form und Größe und marinierst ihn wie gewünscht. So »saugt« er sich mit der Marinade voll und nimmt den Geschmack der Marinade hervorragend an.

Alternativ kannst du den Tofu zusätzlich noch einfrieren. Beim Einfrieren gefriert das im Tofu enthaltene Wasser und dehnt sich dabei aus. Die Eiskristalle bilden im Tofu kleine Löcher, die nach dem Auftauen bestehen bleiben – der Tofu wird noch schwammartiger. Einmal eingefrorener Tofu hat eine andere Konsistenz, ist fester und angenehmer zu kauen, er lässt sich prima marinieren und schmeckt gebraten richtig schön knusprig.

RÄUCHERTOFU

Solltest du Tofu noch gar nicht kennen oder dich nicht so richtig herantrauen, dann starte am besten mit geräuchertem Tofu. Er wird durch das Räu-

SO FRIERST DU TOFU RICHTIG EIN

Den Tofu in grobe Stücke oder Scheiben schneiden und in eine Tupperdose oder einen Gefrierbeutel geben. Dann im Tiefkühlfach einfrieren, so hält er bis zu 3 Monate. Zum Verwenden im Kühlschrank auftauen lassen und wie gewünscht weiterverarbeiten. Wundere dich nicht, wenn der Tofu nach dem Auftauen leicht gelblich verfärbt ist – das ist normal und hat seine Ursache im gefrorenen Sojaprotein.

chern eines Naturtofus hergestellt (s. S. 76). Er erhält so einen charakteristisch deftigen Geschmack und verliert einen Teil des Wassers – dadurch ist er etwas kompakter und bissfester. Je nach Marke und Hersteller unterscheiden sich die Räuchertofus stark voneinander. Das liegt neben dem verwendeten Tofu auch am Räuchervorgang, der sehr unterschiedlich ausfallen kann. Tipp: Achte darauf, dass du einen Räuchertofu mit einer möglichst großen Oberfläche kaufst. Das heißt, er sollte eine möglichst flache rechteckige Form haben und kein kompakter Würfel sein. So stellst du sicher, dass du die größtmögliche Oberfläche und damit auch möglichst viel Räucheraroma erhältst.

SEIDENTOFU

Als Seidentofu wird ein Naturtofu bezeichnet, der einen besonders hohen Wasseranteil besitzt und nicht gepresst wurde. Dadurch ist die Konsistenz deutlich weicher und cremiger, häufig fast wabbelig. In Japan kommt er traditionell in Suppen wie die Misosuppe. Seidentofu lässt sich vielseitig einsetzen – zum Beispiel zum veganen Backen, für Tartes und Quiches, aber auch für Desserts ist er beliebt. Zum Braten ist Seidentofu weniger geeignet, er würde in der Pfanne zerfallen.

Klugscheißerwissen

Es ist kaum zu glauben, aber in Deutschland war das Herstellen und Inverkehrbringen von Tofu bis 1989 gesetzlich verboten. Die Sojabohnen einzuweichen, zu pürieren, kochen und auszupressen galt als Imitieren von Milch und war zum Schutz der Milchindustrie sowie der deutschen Milchbauern gesetzwidrig. Erst durch ein Gerichtsurteil des europäischen Gerichtshofs 1989 durften Tofu und Sojadrink ohne die Gefahr rechtlicher Konsequenzen in Deutschland produziert und verkauft werden.

Marinierter Teriyaki-Tofu aus dem Wok

Für 4 Personen • 45 Min. Zubereitung • 12 Std. Marinieren (über Nacht)

Für den Tofu

250 g Tofu
2 Knoblauchzehen
1 Stück Ingwer (ca. 1 cm lang)
2 EL Sesamöl
50 ml Sojasauce
2 EL Ahornsirup
2 EL Reisessig
(oder Mirin, Reiswein)

Außerdem

1 Zwiebel
3 Frühlingszwiebeln
½ Brokkoli
1 rote Paprika
¼ Spitzkohl
240 g Basmatireis
2 EL Sesamöl
Salz
2 EL heller Sesam

1. Am Vorabend den Tofu idealerweise über Nacht auspressen (s. S. 82). Für die Marinade Knoblauchzehen schälen und durchpressen. Den Ingwer schälen und fein reiben. Knoblauch und Ingwer mit Sesamöl, Sojasauce, Ahornsirup und Reisessig gut mischen und abschmecken. Den ausgepressten Tofu in mundgerechte Stücke schneiden und in einem Gefrierbeutel oder einer Tupperdose mit der Marinade gut mischen. Im Kühlschrank ca. 12 Std., am besten über Nacht, durchziehen lassen.

2. Am nächsten Tag die Zwiebel schälen und in grobe Stücke schneiden. Die Frühlingszwiebeln putzen, waschen und weiße und grüne Teile getrennt in dünne Ringe schneiden. Den Brokkoli putzen, waschen und in Röschen teilen. Die Paprika waschen, halbieren, weiße Trennwände und Kerne entfernen, die Hälften in mundgerechte Stücke schneiden. Den Spitzkohl vom Strunk befreien, putzen, waschen und grob schneiden.

3. Den Reis nach Packungsanweisung bissfest garen. Das Sesamöl im Wok erhitzen und die Zwiebel sowie das Weiß der Frühlingszwiebeln darin kurz scharf anbraten. Den Tofu hinzufügen und die Hitze etwas reduzieren. (Falls noch etwas Marinade übrig ist, diese nicht mit in den Wok geben, sondern beiseitestellen.) Den Tofu rundum gut anbraten, das dauert 5–7 Min.

4. Anschließend Brokkoli, Paprika und Spitzkohl hinzufügen und alles noch 2–3 Min. mitbraten. Das Gemüse sollte einen guten Biss haben. Übrige Marinade dazugeben und das Gemüse mit Sojasauce und Salz abschmecken. Mit dem Reis servieren, mit Sesam und dem Grün der Frühlingszwiebeln garnieren.

Tipp **Teriyaki-Sauce ist eine japanische Mischung aus Sojasauce, Mirin und weiteren Zutaten, es gibt sie auch fertig zu kaufen. Dabei liefert »nur« 30 Min. Marinieren schon ein tolles Ergebnis, lass dich überzeugen!**

Vegane Leberwurst

Für 4 Portionen • 15 Min. Zubereitung

1 Zwiebel
1 Dose Kidneybohnen (ca. 240 g Abtropfgewicht)
250 g geräucherter Tofu
1 EL Öl
2–3 TL getr. Majoran
Salz, Pfeffer
2 TL gehackte Petersilie

1. Die Zwiebel schälen und fein würfeln. Die Kidneybohnen in einem Sieb abbrausen und kurz abtropfen lassen. Den Räuchertofu mit den Händen grob zerteilen. Die Zwiebel in einer Pfanne im Öl glasig dünsten, mit Majoran würzen und alles noch 1–2 Min. garen. Vom Herd nehmen und kurz abkühlen lassen.

2. Anschließend alle Zutaten – bis auf die Petersilie – in einem hohen Rührbecher mit dem Pürierstab grob mixen. Dabei nur so lange pürieren, bis die Zutaten grob zerkleinert sind. Die Konsistenz soll etwas bröckelig sein. Mit Salz, Pfeffer und etwas Majoran kräftig abschmecken.

3. Zum Servieren die Paste am besten auf einem frischen Brot oder Brötchen verstreichen und mit der Petersilie garnieren.

Tofu-Tomaten-Aufstrich

Für 6 Portionen • 15 Min. Zubereitung

100 g Tofu
1 Frühlingszwiebel
6–8 getr. Tomaten (in Öl eingelegt)
½ Knoblauchzehe
2 EL Tomatenmark
Salz, Pfeffer
getr. Basilikum

1. Den Tofu fein zerbröseln – das geht am besten mit einer Gabel oder mit den Händen. Die Frühlingszwiebel putzen, waschen und in sehr dünne Ringe schneiden. Die getrockneten Tomaten in kleine Würfel schneiden. Den Knoblauch schälen und sehr fein würfeln.

2. Das Tomatenmark mit Tofu, Frühlingszwiebel und Tomaten mischen. Mit Knoblauch, Salz, Pfeffer und 1 Prise Basilikum abschmecken. In einer geschlossenen Dose aufbewahren, so hält sich der Aufstrich ohne Probleme einige Tage. Der Aufstrich schmeckt hervorragend auf frischem Fladenbrot.

Tipp **Je nach Tofusorte und deren Wassergehalt wird der Aufstrich etwas trockener oder feuchter. Du kannst noch etwas Olivenöl oder das Öl der eingelegten Tomaten hinzufügen, um die passende Konsistenz zu erhalten. Falls der Tofu zu grob geblieben ist, die Masse mit einer Gabel leicht zerdrücken.**

Bunte Bowl mit Knuspertofu

Für 4 Personen • 40 Min. Zubereitung

Für den Knuspertofu
200 g Curry-Mango-Tofu
(oder Tomaten-Tofu)
2–3 EL Speisestärke
(Kartoffel- oder Maisstärke)
Öl zum Anbraten

Außerdem
3 rote Zwiebeln
500 ml heißes Wasser
1 Knoblauchzehe
Salz
Zucker
2 EL Essigessenz
150 g Rotkohl
1 EL Reisessig
(oder Weißweinessig)
125 g roter Reis
(oder weißer Reis)
2 Frühlingszwiebeln
¼ Salatgurke
100 g Kirschtomaten
½ Brokkoli
1 EL Ahornsirup
1 EL Sojasauce
Saft von 1 Limette
3 EL Öl

1. Den Tofu in mundgerechte Würfel schneiden und anschließend mit einem Geschirrtuch abtupfen. In einer Schüssel mit der Stärke gut mischen. Dabei darauf achten, dass alle Würfel gleichmäßig von der Stärke überzogen sind.

2. Für die Pickled Onions die roten Zwiebeln schälen, halbieren und in dünne Halbringe schneiden. In einer Schüssel mit 500 ml kochend heißem Wasser vollständig übergießen. Den Knoblauch schälen, halbieren und mit 1 TL Salz und ½ TL Zucker hinzufügen. Zuletzt die Essigessenz dazugießen und alles gut mischen. Bis zum Servieren durchziehen lassen, dann die Zwiebeln (jetzt rosafarben) in ein Sieb abgießen und abtropfen lassen.

3. Inzwischen den Rotkohl putzen, in dünne Streifen schneiden und in einer großen Schüssel mit Reisessig sowie je 1 Prise Salz und Zucker mischen. Alles mit den Händen 2–3 Min. verkneten (»massieren«), bis der Kohl deutlich »weicher« geworden ist. Den roten Reis nach Packungsanweisung bissfest garen.

4. Die Frühlingszwiebeln putzen, waschen und weiße und grüne Teile getrennt in dünne Ringe schneiden. Gurke und Tomaten waschen und in mundgerechte Stücke schneiden. Den Brokkoli putzen, waschen und in Röschen teilen, in einem Topf in wenig Salzwasser ca. 2 Min. blanchieren, in ein Sieb abgießen und kalt abschrecken. Für das Dressing Ahornsirup, Sojasauce, Limettensaft und Öl mischen und abschmecken.

5. In einer Pfanne das Öl erhitzen und die Tofuwürfel darin rundum goldbraun anbraten. Dabei darauf achten, dass die Würfel ausreichend Platz nebeneinander in der Pfanne haben und nicht mit der Stärkekruste aneinanderkleben.

6. Zum Servieren den Reis mit Gemüse, Tofu, Dressing sowie den Pickled Onions auf Schalen (Bowls) verteilen. Mit dem Grün der Frühlingszwiebel toppen.

Aroma und Textur

Natürlich soll es gut schmecken, aber wie bekommst du eigentlich möglichst viel Geschmack in dein Essen? Was gehört in eine kräftige Brühe? Wie gelingt vegane Bratensauce? Und warum spielen die Konsistenz, die Textur und der Biss dabei eine so große Rolle?

Das Aromageheimnis der Röststoffe

Mit dem Begriff »Rösten« wird umgangssprachlich das Erhitzen von pflanzlichen Lebensmitteln ohne die Zugabe von anderen Flüssigkeiten bezeichnet. Ziel beim Rösten ist zum einen der Entzug von Feuchtigkeit und gleichzeitig eine Veränderung von Geschmack, Konsistenz und Farbe. Dabei lassen sich unterschiedliche Lebensmittel rösten – zum Beispiel Nüsse, Kerne, Brot (man denke an das Toastbrot) oder Gewürze (s. rechts). Bei einigen Lebensmitteln wie Kaffee- oder Kakaobohnen gehört das Rösten traditionell zur Verarbeitung.

Klugscheißerwissen

Beim Rösten finden viele verschiedene (chemische und physikalische) Prozesse gleichzeitig statt. Durch den Verlust von Flüssigkeit verändert sich zum Beispiel die Konsistenz. Darüber hinaus entstehen meist Röstaromen, die einen kräftigen und leicht bitteren Geschmack transportieren. Häufig wird Rösten gleichgesetzt mit dem Anbraten oder Frittieren von Lebensmitteln, da einige der ablaufenden Reaktionen ähnlich sind. Streng genommen handelt es sich aber um unterschiedliche Vorgänge.

Bei Popcorn macht man sich zunutze, dass das im Mais enthaltene stärkehaltige Gewebe Wasser enthält. Durch das stärke Erhitzen (rösten), wird das Wasser verdampft und dehnt sich stark aus. Dadurch steigt der Druck im Maiskorn, bis dieses nachgibt und aufplatzt. Die gepoppten Maiskörner weisen so ein 40–50-mal größeres Volumen auf.

DIE MAILLARD-REAKTION

Der beim Rösten (und auch beim Backen, Braten und Frittieren) wichtigste Prozess ist die sogenannte Maillard-Reaktion, benannt nach ihrem Entdecker, dem Chemiker Louis Maillard. Damit bezeichnet man eine Vielzahl chemischer Reaktionen, die gleichzeitig auftreten. Beteiligt sind dabei unter anderem die in den Lebensmitteln enthaltenen Proteine und Zuckerverbindungen, die unter der Hitzeeinwirkung zu Aromastoffen umgewandelt werden. Die bei der Reaktion entstehenden Endprodukte sind vor allem Melanoidine, die für die typische bräunliche Färbung und das typisch herzhafte, deftige, kräftige Aroma verantwortlich sind. Bei Kaffee entstehen dabei zusätzlich die erwünschten Bitterstoffe. Übrigens ist die Maillard-Reaktion nicht mit dem Karamellisieren zu verwechseln – hier sind nur Zuckermoleküle beteiligt, jedoch keine Proteine.

SPIELVERDERBER ACRYLAMID

Leider hat die Maillard-Reaktion auch eine Kehrseite: Durch das Rösten, Anbraten und speziell Frittieren werden zwar viele Lebensmittel besonders lecker oder erlauben die Zubereitung von bekannten Genussmitteln. Beste Beispiele sind Chips, Pommes oder Grillgut. Vor allem bei stärkehaltigen Lebensmitteln wie Kartoffeln oder Getreideprodukten bilden sich allerdings ab Temperaturen

über 120° vermehrt Acrylamide. Vereinfacht gesagt: je gebräunter, umso mehr Acrylamid. Da Acrylamid unter Verdacht steht, eine kanzerogene (krebsfördernde) Wirkung zu haben, lohnt bei diesen Lebensmitteln ein maßvoller Verzehr.

POTENZIEREN VON GEWÜRZEN

In einigen Ländern röstet man Gewürzmischungen von alters her vor dem Mahlen trocken, zum Beispiel bei Currys in Indien. Beim Erhitzen und Rösten von Gewürzen werden nämlich ätherische Öle freigesetzt. Auf diese Weise lässt sich häufig erst das volle Aroma aus einem Gewürz herausholen. Am besten verwendet man hierfür schwere Gusseisenpfannen oder Woks, es funktioniert aber auch in normalen Pfannen. Wichtig ist das schonende Erhitzen, einmal verbrannte Gewürze schmecken bitter. Zum Rösten eignen sich vor allem Gewürze, die noch nicht gemahlen oder granuliert sind, also ganze Samen oder Körner: Besonders gut geeignet zum Rösten sind folgende Gewürze: Anis, Chili, Fenchel, Koriander, Kreuzkümmel, Kardamom, Nelken, Piment, Sesam, Senfkörner, Schwarzkümmel – jeweils entweder als ganze Samen oder Körner.
Nach dem Anrösten die Gewürze aus der Pfanne auf einen Teller geben und abkühlen lassen. Danach können sie – am besten von Hand – im Mörser zerkleinert und verwendet werden.

Alternativ kannst du die Gewürze auch mit etwas Öl erhitzen. So wird gleichzeitig das Öl durch die erhitzten Gewürze aromatisiert und kann hervorragend als Würzpaste eingesetzt werden. Am besten verwendest du dafür ein geschmacksneutrales Pflanzenöl wie Sonnenblumen- oder Rapsöl.

Einfaches Curry

Für 4–6 Personen • 1 Std. Zubereitung

1 getr. rote Chilischote
1 TL Kreuzkümmelsamen
1 TL Senfkörner
½ TL Korianderkörner
2 Zwiebeln
2 Knoblauchzehen
1 Stück Ingwer (ca. 1 cm lang)
300 g festkochende Kartoffeln
200 g grüne Bohnen
1 Dose Kichererbsen (ca. 240 g Abtropfgewicht)
240 g Naturreis
2 EL neutrales Pflanzenöl (oder natives Kokosöl)
1 Dose Kokosmilch (ca. 400 g)
2 Dosen stückige Tomaten (à ca. 400 g)
150 ml Gemüsebrühe
150 g rote Linsen
200 g TK-Erbsen
200 g TK-Blattspinat
1 TL gemahlene Kurkuma
1 TL Garam Masala
Salz, Pfeffer
¼ TL Zimtpulver
etwas gehackte Petersilie zum Garnieren

1. Chilischote, Kreuzkümmel, Senf und Koriander in einer kleinen Pfanne ohne Fett unter Rühren vorsichtig anrösten. Sobald es beginnt gut zu duften, herausnehmen und kurz abkühlen lassen, dann den Gewürz-Mix im Mörser zerstoßen.

2. Zwiebeln, Knoblauch und Ingwer schälen und fein würfeln. Die Kartoffeln schälen und in ca. 1 cm große Würfel schneiden. Die Bohnen putzen, waschen und je nach Länge halbieren oder vierteln. Die Kichererbsen in einem Sieb abbrausen und abtropfen lassen. Den Reis nach Packungsanweisung bissfest garen (Achtung: Naturreis braucht deutlich länger zum Garen!).

3. In einem großen Topf das Öl erhitzen und Zwiebeln, Knoblauch und Ingwer darin 2–3 Min. andünsten. Anschließend Kartoffeln und Bohnen hinzufügen und 1–2 Min. miterhitzen. Alles mit Kokosmilch, stückigen Tomaten und Brühe auffüllen. Linsen, Kichererbsen, TK-Erbsen sowie Gewürz-Mix hinzufügen. Den TK-Spinat ebenfalls hinzufügen und alles ca. 15 Min. leise köcheln lassen.

4. Abschließend das Curry mit Kurkuma, Garam Masala, etwas Salz, Pfeffer und für eine leicht süß-fruchtige Note mit Zimt würzen. Dann mit dem Naturreis auf Tellern anrichten und mit Petersilie garnieren.

Tipp **Das Curry lässt sich hervorragend mit einem Naan-Brot oder selbst gebackenem Fladenbrot kombinieren.**

Für 4 Personen • 30 Min. Zubereitung • 15 Min. Garen

Für den Blumenkohl
1 Blumenkohl
1 TL Salz
3 EL Öl
2 rote Zwiebeln
2 Knoblauchzehen
Pfeffer
1 EL Olivenöl fürs Blech

Für den Zugh
2 Handvoll Petersilienblätter (oder Koriandergrün)
1 Knoblauchzehe
½–1 TL gemahlener Kreuzkümmel
Salz, Pfeffer
50 ml Olivenöl
Saft von 1 Zitrone

1. Für den Blumenkohl den Backofen auf 220° vorheizen. Aus der Mitte des Blumenkohls zwei bis vier (je nach Größe des Blumenkohls) etwa 2–2,5 cm dicke Scheiben schneiden. Wichtig: Dabei darauf achten, dass die Schnitte direkt durch den Strunk gehen, damit die Stücke zusammenhalten. (Den übrigen Blumenkohl anderweitig verwenden oder in kleine Röschen teilen, ebenfalls marinieren und im Ofen mitrösten.)

2. Die Blumenkohlscheiben trocken tupfen, großzügig auf jeder Seite mit Salz einreiben und ca. 3 Min. ziehen lassen. Das Öl in einer Pfanne erhitzen und die Scheiben darin bei starker Hitze auf jeder Seite ca. 5 Min. scharf anbraten. Dabei wenig bewegen und darauf achten, dass die Stücke nicht auseinanderbrechen.

3. Zwiebeln und Knoblauch schälen und in Stifte bzw. grobe Stücke schneiden. Den Blumenkohl vom Herd nehmen und mit Zwiebeln, Knoblauch, Pfeffer und etwas Olivenöl auf einem Backblech verteilen. Den Blumenkohl im Ofen (Mitte) ca. 15 Min. garen. Anschließend sollte ein Messer leicht durch den Strunk des Blumenkohls gleiten können.

4. Für den Zugh die Petersilie waschen, trocken tupfen, die Blätter abzupfen und grob hacken. Die Knoblauchzehe schälen und grob würfeln. Beides mit Kreuzkümmel, Salz, Pfeffer, Olivenöl und Zitronensaft in einer kleinen Küchenmaschine mit S-Klinge grob pürieren. Die Masse sollte etwas stückig bleiben und nicht zu dünnflüssig werden. Zuletzt nochmals kräftig abschmecken.

5. Zum Servieren Blumenkohl und Würzzutaten aus dem Ofen nehmen und auf Tellern anrichten. Den Zugh dazu reichen.

Tipp **Zugh ist eine Würzpaste aus dem Jemen. Dazu passt ein Kartoffel- oder Selleriepüree oder auch Pellkartoffeln. Alternativ die Blumenkohlsteaks auf dem Grill rösten.**

Brühe & Fonds – würzige Essenzen

Mit dem Thema und vor allem Rezepten zu Fonds und Brühen lässt sich problemlos ein ganzes Buch füllen. Denn für viele Gerichte wie Suppen, Saucen, Brat- und Schmorgerichte dient als Grundlage häufig eine Variante dieser reichhaltigen, würzigen Rezepte. Oft setzen die Köche und Köchinnen als Grundzutat dabei auf tierische Produkte – wie bei Rinder- oder Hühnerbrühe, Brühe auf Basis von Fischresten, Knochenbrühen und so weiter. Da diese Zutaten in der pflanzlichen Küche nicht verwendet werden, spielt das Thema Brühen und Fonds in vielen veganen Kochbüchern und Rezepten keine allzu große Rolle.

Ziel ist bei fast allen Rezepten für Brühe und Fonds, möglichst viel Geschmack von den ursprünglichen Zutaten (wie Gemüse, Fleisch, Fisch usw.) in das geschmacklose Wasser zu überführen. Zunächst entsteht eine Brühe. Lässt man diese weiter einkochen, erhält man einen stark würzigen

ZUBEREITUNG VON BRÜHEN

Um eine gute Brühe zu erhalten, gibt es ein paar Dinge zu beachten:

- Verwende am besten einen dickwandigen Topf, sodass es im Topf überall möglichst gleich heiß ist.
- Starte den Kochvorgang mit geschlossenem Deckel. Zunächst soll möglichst viel Aroma ins Wasser übergehen. Später kannst du die Brühe dann offen bis zur gewünschten Menge bzw. Konsistenz einkochen.
- Salze immer erst am Ende. Du möchtest schließlich primär den Eigengeschmack von Gemüse, Pilzen oder Algen in der Brühe haben und diese nicht zu Beginn mit Salz »sättigen«.
- Koche eine größere Menge und reduziere oder friere den Rest ein.
- Falls du regelmäßig mit frischen Zutaten kochst, kannst du die Schalen von Zwiebeln oder Möhren, die Strünke von Brokkoli, Blumenkohl oder Kräutern und viele weitere vermeintliche Küchenabfälle sammeln. Diese einfach einfrieren und – wenn dann eine gute Menge zusammengekommen ist – zum Auskochen mit in die Brühe geben.

Fond. Das Endprodukt kann weiterverarbeitet oder pur gegessen werden.
Dabei lassen sich (Gemüse-)Reste, die sonst weggeworfen werden, gut für Brühen verwenden. Denn viele Aromen und Geschmacksträger befinden sich direkt unterhalb der Schale und gehen beim Schälen des Gemüses verloren. Durch das Auskochen der vermeintlichen »Abfälle« zu einer Brühe kann man diese hervorragend verwenden.

KENNST DU UMAMI?

Umami wird umgangssprachlich häufig als der fünfte Geschmackssinn neben den vier Geschmackswahrnehmungen süß, salzig, sauer und bitter bezeichnet. Mittlerweile wird sogar noch von einem sechsten Geschmackssinn gesprochen: fettig – die Wissenschaft hat sich hierzu allerdings noch kein abschließendes Urteil gebildet.
Mit Umami ist ein würziger, herzhafter, wohlschmeckender Geschmack gemeint, der darüber hinaus häufig als besonders langanhaltend wahrgenommen wird. Oft ordnet man den Umami-Geschmack tierischen Lebensmitteln wie Fleisch oder Käse zu. Typische Geschmacksträger können aber auch getrocknete Pilze oder Oliven, Sojasauce oder Misopaste sein.

PFLANZLICHE UMAMI-QUELLEN

Ein stark ausgeprägtes Umami-Aroma wird durch Schmoren, Reifen, Trocknen oder Fermentieren durch das Aufbrechen der Zellmembranen erreicht. Ganz allgemein kannst du dir merken, dass stark gereifte Lebensmittel besonders reich am typischen Umami-Geschmack sind. Gute Beispiele aus der Pflanzenküche sind: getrocknete Tomaten, Sojasauce, Misopaste, Tempeh, getrocknete Pilze (z. B. Steinpilze oder Shiitake), Kombu- oder Nori-Algen, Knoblauch sowie Grüntee.

Klugscheißerwissen

Umgangssprachlich wird im Zusammenhang von Umami häufig von Glutamat gesprochen. Das ist nicht ganz korrekt. Bei den geschmacksauslösenden Stoffen handelt es sich vor allem um verschiedene Salze der Glutamin- und Asparaginsäure, die jeweils Bestandteil vieler Proteine sind. Durch die Freisetzung speziell der Glutaminsäuren wird der typische Umami-Geschmack wahrgenommen. Mit Glutamat als Zutat in der Lebensmittelindustrie ist dagegen in erster Linie Mononatriumglutamat gemeint. Das ist das Natriumsalz der Glutaminsäure, das in der Regel als Geschmacksverstärker dient.

Basisrezept Gemüsebrühe

Für 2,5–3 l (5–6 Personen) • 30 Min. Zubereitung • 1,5–3 Std. Garen

2 Zwiebeln
1 Knoblauchzehe
2 Bund Suppengrün (Lauch, Sellerie, Möhre, Pastinake o. Ä.)
3 EL Öl zum Anbraten
2 Lorbeerblätter
frische Petersilie
frischer Thymian
frisch geriebene Muskatnuss
Salz, Pfeffer

1. Zwiebeln und Knoblauchzehe putzen und (samt Schale) grob schneiden. Das übrige Gemüse bzw. das Suppengrün gründlich waschen, den Sellerie nach Belieben schälen und alles in grobe Stücke schneiden.

2. In einem großen Topf das Öl erhitzen und Zwiebeln und Knoblauch darin wenige Min. andünsten. Anschließend mit 5 l Wasser aufgießen und das übrige Gemüse hinzufügen. Wenn du frische Kräuter hinzufügen möchtest, kannst du diese ebenso wie Lorbeerblätter und Muskatnuss bereits dazugeben.

3. Die Brühe einmal aufkochen und anschließend zugedeckt bei mittlerer Hitze 30–60 Min. leise köcheln lassen. Je länger du die Brühe so kochst, desto intensiver wird der Geschmack.

4. Anschließend den Deckel entfernen und die Brühe offen noch so lange weiterköcheln lassen, bis die gewünschte Konsistenz erreicht ist. Das dauert nochmals 1–2 Std.

5. Danach die Brühe durch ein sehr feines Sieb oder ein Mulltuch abgießen und auffangen, das Suppengemüse entfernen. Die Gemüsebrühe mit Salz und Pfeffer abschmecken und abkühlen lassen. Du kannst die Brühe sofort verwenden, einfrieren oder in geeignete ausgekochte Schraubgläser füllen. Die Brühe hält sich im Kühlschrank ca. 2 Wochen.

Variante

Die Gemüsebrühe kannst du nach deinen persönlichen Vorlieben verändern. So passen zum Beispiel hervorragend Tomaten, Kohlrabi oder Champignons dazu. Einfach putzen, waschen bzw. schälen, grob zerkleinern und mitköcheln lassen.

Miso-Ramen mit Dashi

Für 4–6 Personen • 1 Std. Zubereitung

Für das Dashi
3 getr. Shiitake (Pilze)
1 Stück getr. Kombu-Alge (ca. 5 × 10 cm)

Für die Suppe
2 Knoblauchzehen
1 Stück Ingwer (ca. 1 cm lang)
2 Frühlingszwiebeln
3 TL Sesamöl
3 TL Misopaste
2 TL rote Chili-Bohnen-Paste (Red Bean Chili Paste; aus dem Asialaden; oder Sambal Oelek)
1 EL Sake
2 EL kräftige Sojasauce (Tamari)
1 EL indonesische Sojasauce (süßlich; oder Ahornsirup)
400 ml Sojadrink (ungesüßt)
600 ml Gemüsebrühe
Salz, Pfeffer
200 g Ramen-Nudeln (frisch oder TK)

1. Für das vegane Dashi in einem Topf 250 ml Wasser aufkochen. Pilze und Alge hineingeben und darin zugedeckt bei kleiner Hitze 20–30 Min. ziehen lassen. Anschließend Pilze und Alge wieder herausnehmen und entfernen, das Dashi beiseitestellen.

2. Inzwischen für die Suppe Knoblauch schälen und fein würfeln. Ingwer schälen und sehr fein hacken. Frühlingszwiebeln putzen, waschen und das Weiß und Grün separat in dünne Ringe schneiden. Knoblauch, Ingwer und das Weiß der Frühlingszwiebeln in einem großen Topf im Sesamöl andünsten.

3. Misopaste und Chili-Bohnen-Paste hinzufügen und alles einige Min. miterhitzen. Mit Sake ablöschen und anschließend beide Sojasaucen, das Grün der Frühlingszwiebeln und Sojadrink dazugeben. Alles einmal aufkochen, dann Brühe, Dashi, Salz und Pfeffer unterrühren. Die Suppe zugedeckt nochmals ca. 15 Min. leise köcheln lassen. Dabei gegen Ende der Garzeit die Ramen-Nudeln in einem Topf nach Packungsanweisung bissfest garen.

4. Zum Servieren die Miso-Ramen nochmals kräftig abschmecken. Dann mit den Nudeln auf tiefe Teller oder Schalen verteilen. Dazu passt Mais (aus Dose oder Glas), Kimchi, Frühlingszwiebelringe, Pak Choi oder Enoki-Pilze (aus dem Asialaden).

Variante **Du kannst die Brühe auch ohne Sojadrink als klassische Miso-Ramen zubereiten. Wenn du möchtest, diese mit mehr Misopaste würziger abschmecken.**

Tipp **Dashi sind japanische Fischfonds aus Algen (z. B. Kombu) und getrockneten Bonito-Flocken (Thunfischart). In der pflanzenbasierten Küche lassen sich die Fonds super aus Algen und getrockneten Pilzen wie Shiitake ansetzen.**

Kartoffeleintopf mit Räuchertofu

Für 4 Personen • 1 Std. Zubereitung

200 g geräucherter Tofu
2 Zwiebeln
1 Stange Lauch
3 Möhren
¼ Knollensellerie
1 kleine Petersilienwurzel (oder Pastinake)
6 (vorwiegend) festkochende Kartoffeln
Öl zum Braten
ca. 1 ½ l Gemüsebrühe
200 g braune Linsen
2 Lorbeerblätter
2 TL getr. Thymian
2 TL getr. Majoran
Salz, Pfeffer
2 EL Sojasauce
½ EL Weißweinessig (oder Apfelessig)

1. Den Tofu in kleine Würfel schneiden. Die Zwiebeln schälen und in feine Würfel schneiden. Den Lauch putzen, gründlich waschen und in dünne Ringe schneiden. Möhren, Sellerie, Petersilienwurzel und Kartoffeln schälen und in Scheiben bzw. mundgerechte Stücke schneiden.

2. In einem großen Topf etwas Öl erhitzen und den Räuchertofu darin so lange rundum scharf anbraten, bis er braun und knusprig ist. Anschließend Zwiebeln und Lauch hinzufügen und 1–2 Min. mitandünsten. Dann den Rest des Gemüses dazugeben und alles noch 2–3 Min. andünsten.

3. Danach so viel Brühe dazugießen, dass das Gemüse mehr als gut bedeckt ist. Linsen, Lorbeerblätter und Gewürze hinzufügen, alles gut mischen und zugedeckt bei kleiner Hitze ca. 35 Min. leise köcheln lassen. (Noch nicht salzen!)

4. Anschließend den Eintopf kräftig mit Salz, Pfeffer und Sojasauce abschmecken. Vor allem der Majoran in Verbindung mit Räuchertofu sorgt für den typisch deftigen Geschmack. Zuletzt den Essig hinzufügen, er harmoniert hervorragend mit den Linsen und rundet das Gericht ab.

5. Zum Servieren den Eintopf auf tiefe Teller oder Schalen verteilen. Dazu passt ein Stück Vollkornbrot oder Brötchen.

So entsteht eine cremige Sauce

Wer liebt sie nicht, die sämigen Saucen und cremigen Puddings? Das Andicken von Flüssigkeiten beim Kochen kann zum Beispiel das Ziel verfolgen, eine cremige Suppe oder Sauce oder auch eine sämige Konsistenz eines Eintopfs zu erreichen. Es gibt verschiedene Möglichkeiten und Wege, das zu erreichen, und ebenso eine Vielzahl von Verdickungsmitteln. Häufig kommen dabei Butter, Sahne oder Eigelb zum Einsatz (s. S. 23), aber auch in der pflanzenbasierten Küche gibt es reichlich Möglichkeiten, Gerichte anzudicken.

SPEISESTÄRKE

Stärke ist eine organische Verbindung, die vor allem in pflanzlichen Zellen vorkommt und dort als wichtigster Reservestoff fungiert. Stärke ist ein Polysaccharid (Mehrfachzucker aus Glukosebausteinen), der zu den Kohlenhydraten zählt. Eine besondere Eigenschaft von Stärke ist ihre Fähigkeit, unter Hitzeeinwirkung ein Vielfaches des Eigengewichts an Wasser zu binden – man spricht von der Verkleisterung. Übrigens: Da Mehl einen hohen Anteil Stärke enthält, kann auch das Mehl gut zum Andicken verwendet werden (z. B. in einer Mehlschwitze). Im Vergleich zu Stärke hat Mehl in der Regel aber einen kräftigen Eigengeschmack und neigt schneller zum Verklumpen.

AGAR-AGAR

Agar-Agar ist ebenfalls ein Mehrfachzucker, der als pflanzliche Alternative zur Gelatine bekannt ist. Agar-Agar wird vor allem aus den Zellwänden von verschiedenen Algen (v. a. Rotalgen) gewonnen.

Klugscheißerwissen

Damit die Stärke nicht klumpt, kannst du sie vorab in einer kleinen Tasse oder Schüssel mit kaltem Wasser gut verrühren, bis sie sich vollständig aufgelöst hat. Die handelsüblichen Stärken sind sogenannte warmquellende Stärken, das heißt, sie beginnen bei Temperaturen von über 60° zu quellen und die Flüssigkeit zu »verdicken«.

Das Besondere an Agar-Agar ist, dass es geschmacksneutral ist und hervorragende Eigenschaften beim Gelieren hat. In Rezepten kannst du es genauso verwenden wie Gelatine. Dabei entspricht ½ TL Agar-Agar ungefähr 4 Blatt Gelatine.

Hinweis: Achte beim Kauf darauf, was in der Zutatenliste aufgeführt ist. Es gibt auch Agar-Agar-Mischungen, bei denen Zutaten wie Maltodextrin (ein Zucker) zugesetzt sind. Dadurch ändert sich die benötigte Menge im Rezept gegebenenfalls stark. Enthalten Rezepte Säuren, können diese ebenfalls mit dem Agar-Agar reagieren.

JOHANNISBROT- UND GUARKERNMEHL

Johannisbrotkernmehl und Guarkernmehl werden aus den Samen der Frucht Carob bzw. der Guarbohne gewonnen. Beide zeichnen sich dadurch aus, dass sie das 80–100-fache ihres Eigengewichts an Wasser binden können. Sie sind damit fünfmal

so quellfähig wie Speisestärke. Darüber hinaus können beide hervorragend verwendet werden, um Emulsionen zu stabilisieren. Beide eignen sich als veganer Ei-Ersatz (s. S. 31).

PFEILWURZELMEHL

Das Mehl wird aus der Maranta arundinacea gewonnen, sie ist die einzige Nutzpflanze aus der Gattung Pfeilwurz. Das Mehl eignet sich als Stärkealternative. Es dickt etwa doppelt so stark an wie Weizenmehl. Außerdem hat Pfeilwurzelmehl ein paar großartige Eigenschaften: Es ist geschmacks- und geruchsneutral sowie glutenfrei. Pfeilwurzelmehl verändert die Farbe des anzudickenden Gerichts nicht und beginnt bei niedrigeren Temperaturen als Mais- oder Kartoffelstärke zu gelieren – man darf es daher nicht zu lange kochen oder zu stark erhitzen. Pfeilwurzelmehl eignet sich hervorragend für kalte Speisen und vor allem für (klare) Saucen, Puddings oder Glasuren.

(PERL-)SAGO

Sago ist ein Verdickungsmittel aus granulierter Stärke, das heißt, hier wird die Stärke nicht in Form eines Pulvers angeboten, sondern in Form kleiner Kügelchen. Sago wird aus dem Stamm der Echten Sagopalme gewonnen und eignet sich vor allem für fruchtige und süße Desserts wie Kaltschalen, Puddings und Süßspeisen, da es geschmacksneutral ist und zum Binden nicht erhitzt werden muss. Mittlerweile finden sich auch Produkte aus Tapioka, Pfeilwurzel oder Kartoffel unter dem Namen Sago im Handel – das ist aber kein echtes Sago.

VON NATUR AUS STÄRKEHALTIG

Gerade bei Eintöpfen, Suppen oder Currys kannst du statt eines Verdickungsmittels auch stärkehaltiges Obst und Gemüse zum Andicken verwenden. So enthalten zum Beispiel Kartoffeln, Kochbananen oder Süßkartoffeln verhältnismäßig viel Speisestärke und eignen sich im pürierten Zustand sehr gut zum Andicken. Früher hat man Saucen auch einfach mit roh geriebenen Kartoffeln gebunden. Mit Äpfeln lieferst du deinen Speisen natürliches Pektin, das ebenfalls wie ein Geliermittel wirkt.

Champignonrahmsauce

Für 4 Personen • 30 Min. Zubereitung

2–3 Schalotten
2 Knoblauchzehen
500 g braune Champignons
Öl zum Braten
250 ml vegane Soja- oder Hafercreme
150 ml Gemüsebrühe
2 TL Speisestärke
Salz, Pfeffer
1 TL getr. Thymian
2 EL Hefeflocken
Saft von ½ Zitrone
etwas gehackte Petersilie zum Garnieren

1. Schalotten und Knoblauch schälen und fein würfeln. Die Champignons putzen, bei Bedarf mit einem Tuch abreiben und in dünne Scheiben schneiden. In einer Pfanne etwas Öl erhitzen und Zwiebeln und Knoblauch darin andünsten. Anschließend die Champignons hinzufügen und scharf anbraten.

2. Alles mit der Pflanzencreme ablöschen und die Brühe hinzufügen. Die Sauce einmal aufkochen, dann die Hitze reduzieren. Die Stärke in etwas kaltem Wasser glatt rühren, sodass sie sich vollständig auflöst, und in der Pfanne gut verteilen. Salz, Pfeffer und Thymian einrühren und die Sauce offen bei kleiner Hitze noch ca. 10 Min. leise köcheln lassen. Mit Hefeflocken, Zitronensaft und Salz abschmecken und mit der Petersilie garnieren. Sie passt zu Nudeln, Spätzle, Kartoffeln oder Klößen.

Rotwein-Pflaumen-Sauce

Für 6 Personen • 45 Min. Zubereitung

2 weiße Zwiebeln
2 Knoblauchzehen
2 Möhren
1 EL Olivenöl
2 Lorbeerblätter
3 EL Tomatenmark
1 EL Mehl
400 ml veganer Rotwein
800 ml Gemüsebrühe
Salz, Pfeffer
3–4 EL Pflaumenmus
Zucker
zum Abschmecken: Sojasauce, Worcestersauce oder Nelkenpulver (nach Belieben)

1. Zwiebeln und Knoblauch schälen und sehr fein würfeln. Die Möhren schälen und in kleine Würfel schneiden. In einem Topf das Öl erhitzen und Zwiebeln, Knoblauch, Möhren und Lorbeerblätter darin wenige Min. andünsten. Das Tomatenmark hinzufügen und kurz mitrösten, bis es zu duften beginnt.

2. Das Mehl kurz einrühren, dann alles mit dem Rotwein ablöschen. Gut mischen und die Brühe dazugeben. Die Sauce mit etwas Salz und Pfeffer würzen und offen bei kleiner Hitze 20–25 Min. köcheln lassen, sie sollte dabei um etwa ein Drittel einkochen.

3. Anschließend die Lorbeerblätter entfernen und die Sauce im Topf mit dem Pürierstab fein pürieren (alternativ durch ein Sieb streichen oder so belassen und etwas länger einkochen, bis sie eine passende Konsistenz hat.) Mit Pflaumenmus, Salz und Pfeffer sowie 1 Prise Zucker kräftig abschmecken. Wer will, würzt noch mit wenig Sojasauce, Worcestersauce oder 1 Prise Nelken. Die Sauce passt hervorragend zu herzhaften Beilagen wie veganem Braten und Knödeln oder Bratkartoffeln.

Kokospudding mit Granola und Birne

Für 8 Personen • 40 Min. Zubereitung • 14 Min. Backen • 1 Std. Abkühlen

Für den Pudding
1 l Kokosmilch
1 Pck. Vanillezucker
25–50 g Zucker (je nach Geschmack und Menge Ahornsirup)
2–4 EL Ahornsirup
Zimtpulver (nach Belieben)
1 TL Agar-Agar

Für das Granola
70 g Haferflocken
25 g Dinkelmehl (Type 630)
25 g gemahlene Haselnusskerne
1 EL Zucker
2 TL Zimtpulver
½ TL gemahlener Kardamom
Salz
50 ml Rapsöl
50 g gehackte Walnusskerne
25 g gehackte Pistazienkerne
25 g Mandelstifte
25 g gehackte Haselnusskerne

Für die Cider-Birnen
2–3 Birnen
500 ml Cider

1. Für den Pudding die Kokosmilch in einem Topf mit Vanillezucker, Zucker, Ahornsirup und nach Belieben 1 Prise Zimt mit einem Schneebesen gut mischen. Das Agar-Agar unterheben, sodass es nicht flockt. Anschließend alles aufkochen und offen bei kleiner Hitze ca. 5 Min. köcheln lassen, dabei immer wieder umrühren. Den Pudding vom Herd nehmen und auf die Gläser verteilen, im Kühlschrank mind. 1 Std. abkühlen lassen. Die Kokosmasse wird fest und puddingartig.

2. Für das Granola den Backofen auf 180° vorheizen. Ein Backblech mit Backpapier belegen. Die Hälfte der Haferflocken (35 g) im Hochleistungsmixer zu Mehl mahlen. In einer Schüssel mit den übrigen Haferflocken, Dinkelmehl, gemahlenen Haselnüssen, Zucker, Zimt, Kardamom, 1 Prise Salz und Öl mit einer Gabel zu Streuseln verarbeiten. Dann Walnüsse, Pistazien, Mandelstifte und Haselnüsse untermischen, alles nochmals abschmecken und auf dem Blech verteilen. Das Granola im Ofen (Mitte) 12–14 Min. rösten, dabei nach der Hälfte der Zeit einmal durchmischen. Darauf achten, dass die Nüsse nicht verbrennen. Dann aus dem Ofen nehmen und auf einem Kuchengitter abkühlen lassen.

3. Für die Cider-Birnen die Birnen schälen, vierteln und entkernen. Die Birnenviertel in mundgerechte Stücke schneiden. In einem Topf den Cider erhitzen und die Birnen darin ca. 15 Min. leise köcheln lassen. (Bitte beachten: Die Birnen zeitlich so zubereiten, dass sie warm serviert werden können.)

4. Zum Servieren auf jedes Glas Kokospudding eine kleine Portion warme Cider-Birnen geben und mit dem Granola toppen.

Schokopudding

Für 6 Personen • 15 Min. Zubereitung

2 EL Kakaopulver
2 EL Speisestärke
Salz
25 g Zucker
500 ml veganer Pflanzendrink (ungesüßt; z. B. Haselnuss-, Hafer- oder Mandeldrink)
50–75 g vegane Zartbitterschokolade (mind. 70 % Kakaoanteil)
ein paar gehackte Haselnusskerne oder Mandeln zum Garnieren

1. Kakaopulver, Speisestärke, 1 Prise Salz und Zucker in einer kleinen Schüssel gut mischen. Dann 50 ml Pflanzendrink dazugießen und alles mit einer Gabel so lange glatt rühren, bis sich Kakaopulver und Speisestärke gut aufgelöst haben.

2. In einem Topf den restlichen Pflanzendrink erhitzen. Sobald die Flüssigkeit heiß ist, die Schokolade grob hacken und unterrühren. Alles aufkochen, die Kakao-Stärke-Mischung einrühren und die Hitze etwas reduzieren, dabei mit einem Schneebesen gleichmäßig rühren. Die Flüssigkeit beginnt nun nach und nach einzudicken. Je länger du den Pudding einkochst, desto dickflüssiger wird er.

3. Den Schokopudding auf Gläser verteilen, sofort servieren und warm essen. Oder in Schraubgläser füllen und im Kühlschrank durchkühlen lassen. Zum Servieren mit gehackten Haselnüssen oder Mandeln garnieren. Wer will, kann auch noch einen Tupfen vegane Kokos-Schlagsahne (s. S. 42) daraufsetzen.

Variante **Du kannst den Schokopudding geschmacklich durch die verschiedenen Pflanzendrinks sehr variabel zubereiten! Zum Verfeinern passt auch super etwas gemahlene Vanille, Zimtpulver oder Erdnussmus.**

Obst und Gemüse

Früchte bilden die Basis jeder pflanzenbasierten Küche. Wodurch zeichnet sich frisches und qualitativ hochwertiges Obst und Gemüse eigentlich aus, wie wird beides richtig gelagert und wie fermentiert man Gemüse?

Qualität und Saisonalität von Obst & Gemüse

Mit Qualität bei Obst und Gemüse können verschiedene Dinge gemeint sein: Geschmack, Frische, Aussehen oder auch die Form. Abgesehen von äußeren Merkmalen kommt es vor allem auf die »inneren« Werte an. Allen Gemüse- und Obstsorten ist es eigen, dass sie zu einem bestimmten Zeitpunkt geerntet werden. Einige reifen im Anschluss noch nach und sind erst zu einem späteren Zeitpunkt verzehrfertig. Die große Mehrheit der Sorten wird jedoch reif geerntet. Ab diesem Zeitpunkt

DER CO_2-FUSSABDRUCK

Der CO_2-Fußabdruck eines Lebensmittels hängt von vielen Faktoren ab wie Anbau, Produktion, Lagerung, Transport und Verpackung. Diese Faktoren kannst du berücksichtigen:

- besser saisonal als zu jeder Jahreszeit – so können vor allem Transportwege und Lagerung reduziert werden
- besser regional als global – vor allem wenn Produkte bei dir regional verfügbar sind
- besser pflanzlich als tierisch
- besser aus ökologischer als aus konventioneller Landwirtschaft
- besser frisch und nach Bedarf kaufen und verbrauchen

Ein paar Beispiele für die pro Kilo Lebensmittel entstehende CO_2-Last:

13 kg CO_2

2 kg CO_2

0,02 kg CO_2

0,14 kg CO_2

0,92 kg CO_2

0,71 kg CO_2

tickt sozusagen die Uhr und das Obst und Gemüse wird nicht mehr besser. Das heißt vor allem, dass es Nährstoffe, insbesondere Vitamine, verliert. Auch Geschmack, Konsistenz und Textur können sich verändern. Die Lagerverluste schaden dem Obst und Gemüse nicht zwingend, besser werden sie in der Regel aber nicht – ausgenommen Früchte, die nachreifen müssen. Entsprechend solltest du Obst und Gemüse möglichst frisch kaufen und vor allem frisch verzehren. Wenn du versuchst, weitestgehend nach Jahreszeit und aus der Region einzukaufen, erhältst du meist automatisch frische Ware. Denn neben einem kleinen CO_2-Fußabdruck (s. links) sind Obst und Gemüse dann aufgrund der kurzen Transportwege und saisonalen Verfügbarkeit meist so frisch wie möglich.

DARAUF KANNST DU BEIM KAUF VON OBST UND GEMÜSE ACHTEN

Je nach Obst- und Gemüsesorte unterscheiden sich die Merkmale für Frische natürlich deutlich. Allgemein kann man sagen, dass, sobald etwas ungewohnt riecht oder aussieht, es wahrscheinlich nicht mehr allzu frisch ist. Darüber hinaus solltest du dich vor allem in Supermärkten nicht von Verpackungen oder aufgesprühtem Wasser irritieren lassen. Gerade bei Salaten wird so schnell der Eindruck eines frischen Produkts erzeugt.

Bei Gemüsesorten mit Grün (z. B. Möhren oder Radieschen) erkennt man die Frische zum Beispiel sehr gut an den Blättern: Sind diese bereits eingefallen und ausgetrocknet, ist das Gemüse schon einige Tage alt. Frische Paprika, Zucchini, Tomaten und viele weitere Gemüse sollten eine kräftige Farbe aufweisen und bei leichtem Druck von außen nur wenig nachgeben.

Bei Obst wirken sich Regionalität und Saisonalität auf den Geschmack aus: In der Regel haben Früchte, die am Stamm oder auf dem Feld ausreifen konnten, einen besonders guten Geschmack sowie das ganze Spektrum an wertvollen Inhaltsstoffen.

Klugscheißerwissen

Warum bleibt Gemüse grün, wenn es nach dem Blanchieren mit kaltem Wasser abgebraust wird? Durch das kurze und starke Erhitzen wird das Enzym Chlorophyllase deaktiviert, das sonst den leuchtend grünen Farbstoff Chlorophyll abbauen würde. Und durch das Abschrecken von Gemüse mit (eis-)kaltem Wasser wird verhindert, dass das Gemüse nach dem Kochen weitergart. So behält es die gewünschte Konsistenz und Farbe!

GEMÜSE UND OBST LAGERN

Allgemein kannst du dich bei der Frage nach der richtigen Lagerung an der Herkunft des Obstes und Gemüses orientieren: Tropische Früchte lagert man in der Regel nicht im Kühlschrank, genauso wenig südländisches Gemüse (z. B. Tomaten, Paprika oder Zucchini). Einheimische Gemüse (z. B. Kohl, Rhabarber oder Brokkoli) halten sich im Kühlschrank dagegen deutlich länger.

Einige Obstsorten (z. B. Äpfel, Birnen, Aprikosen und Bananen) reifen nach der Ernte weiter und setzen dabei das Reifungsgas Ethylen frei. Das sorgt bei anderen Obst- und Gemüsesorten für einen stark beschleunigten Reifeprozess, sodass diese vergammeln können. Daher Äpfel am besten getrennt von anderem Obst und Gemüse lagern.

Spargel mit Sauce Hollandaise

Für 4 Personen • 40 Min. Zubereitung

1 kg vorwiegend festkochende Kartoffeln
Salz
500 g weißer Spargel
1 TL Zucker
60 g Margarine
15 g Mehl
150 ml Gemüsebrühe
150 g Sojacreme
20 ml veganer Weißwein
1 TL Senf
½ TL gemahlene Kurkuma
½ TL Kala Namak (Schwefelsalz; nach Belieben)
1 EL Zitronensaft
Pfeffer
1 EL Hefeflocken
Schnittlauchröllchen zum Garnieren

1. Die Kartoffeln schälen, ggf. halbieren und in einem Topf in reichlich Wasser mit 2 TL Salz in 15–20 Min. weich garen. Danach abgießen und ausdampfen lassen.

2. Währenddessen den Spargel waschen, schälen und die holzigen Enden abschneiden. In einem großen Topf reichlich Wasser erhitzen und den Zucker, 1 TL Salz und 1 EL Margarine hinzufügen. Die Stangen darin bei kleiner Hitze 10–15 Min. leise köcheln lassen. (Die Garzeit hängt von der gewünschten Konsistenz und der Dicke des Spargels ab. Als Gartest einfach mit einer Gabel oder einem Messer den Stängel anstechen: Gleitet das Messer leicht hindurch, ist der Spargel gar.)

3. Inzwischen für die Hollandaise die restliche (50 g) Margarine in einem Topf zerlassen, dann nach und nach das Mehl mit einem Schneebesen unterrühren und andünsten. Sobald das Mehl beginnt, etwas Farbe anzunehmen, Brühe und Sojacreme dazugießen und zügig unterrühren. Wein, Senf, Kurkuma, nach Belieben Kala Namak und Zitronensaft hinzufügen und alles einmal langsam aufkochen. Anschließend die Hitze reduzieren und die Hollandaise offen cremig einkochen. Dann vom Herd nehmen und mit Salz, Pfeffer und Hefeflocken kräftig abschmecken.

4. Zum Servieren die Kartoffeln mit dem Spargel auf Tellern anrichten. Die Sauce Hollandaise darüber verteilen und alles mit Schnittlauch garnieren.

Tipp **Eine »klassische« Sauce Hollandaise rührt man lediglich aus Öl und Eigelb an (s. S. 23, Öl-in-Wasser-Emulsion). Eine Variante mit Mehlschwitze wie hier oder mit anderen Emulgatoren wird als »unechte« Sauce Hollandaise bezeichnet. Für einen dezenten Ei-Geschmack kannst du einfach etwas Kala Namak (Schwefelsalz) hinzufügen.**

Kalte Kartoffelsuppe Okroschka

Für 6 Personen • 45 Min. Zubereitung • 12 Std. Kühlen (über Nacht)

750 g festkochende Kartoffeln
Salz
1 Bund Radieschen
1 Salatgurke
3 Frühlingszwiebeln
1 Bund Dill
1,25 l Mineralwasser mit Kohlensäure
300 g vegane Crème-fraîche-Alternative (oder 300 ml vegane Buttermilch, s. S. 48, mit 4 EL veganem Joghurt gemischt)
Pfeffer
½ TL Kala Namak (Schwefelsalz)
3–4 EL Essigessenz

1. Die Kartoffeln waschen und samt Schale in einem Topf in Salzwasser in 20–25 Min. weich garen. Danach abgießen, ausdampfen und abkühlen lassen. Anschließend pellen und in mundgerechte Stücke schneiden.

2. Währenddessen die Radieschen putzen, waschen und in dünne Scheiben schneiden. Die Gurke waschen und in Streifen schneiden. Die Frühlingszwiebeln putzen, waschen und in dünne Ringe schneiden. Den Dill waschen, trocken tupfen, die Spitzen abzupfen und fein hacken.

3. In einem Topf Mineralwasser und vegane Crème fraîche mit einem Schneebesen so lange verrühren, bis eine homogene Flüssigkeit entstanden ist. Kartoffeln, Gemüse und Dill hinzufügen und die Suppe mit Salz, Pfeffer, Kala Namak und Essigessenz abschmecken – sie soll eine deutlich saure Note haben. Vor dem Servieren die Suppe im Kühlschrank ca. 12 Std., am besten über Nacht, durchziehen lassen. Am nächsten Tag zum Servieren auf tiefe Teller oder Schalen verteilen.

Tomatensugo mit Zucchini

Für 4 Personen • 45 Min. Zubereitung

3 Knoblauchzehen
2 Zwiebeln
1 kg möglichst aromatische Tomaten (s. Tipp)
2 kleine Zucchini
Öl zum Anbraten
1 TL getr. Thymian
1 ½ TL getr. Oregano
2 TL getr. Basilikum
1 Lorbeerblatt
320 g Nudeln (z. B. Spaghetti)
Salz, Pfeffer
Zucker
einige Basilikumblätter zum Garnieren (nach Belieben)
etwas veganer Reibekäse (s. S. 60)

1. Knoblauch und Zwiebeln schälen und fein würfeln. Die Tomaten waschen und grob schneiden, dabei die Stielansätze entfernen. Die Zucchini putzen, waschen und ca. 1 cm groß würfeln. In einem Topf etwas Öl erhitzen und Knoblauch und Zwiebeln darin wenige Min. andünsten. Die Tomaten hinzufügen, den Sugo mit Thymian, Oregano, Basilikum und Lorbeerblatt würzen und offen bei kleiner Hitze 20–30 Min. leise köcheln lassen.

2. Währenddessen die Zucchini in einer Pfanne in etwas Öl kurz scharf anbraten und beiseitestellen. Die Nudeln nach Packungsanweisung in Salzwasser bissfest garen, in einem Sieb abtropfen lassen. Den Sugo mit Salz, Pfeffer und 1 Prise Zucker abschmecken und mit den Nudeln und den gebratenen Zucchini auf Tellern anrichten. Nach Belieben mit frischem Basilikum garnieren und mit veganem Reibekäse bestreuen.

Tipp **Außerhalb der Saison kannst du 2 Gläser geschälte Tomaten (à ca. 400 g) verwenden. Etwas Tomatenmark hilft, das »tomatige« Aroma der Sauce zu betonen.**

Cremige Pasta mit Schwarzwurzeln

Für 4 Personen • 40 Min. Zubereitung

500 g Schwarzwurzeln
2 TL Zitronensaft
Salz
Öl zum Anbraten
1 getr. rote Chilischote (oder 1 Prise Chilipulver)
50 g Semmelbrösel
400 g Nudeln (z. B.Fusilli oder Gemelli)
150 g TK-Erbsen
2 Zwiebeln
1 Knoblauchzehe
1 EL Mehl
250 g Sojacreme (oder Hafercreme)
150 ml Gemüsebrühe
2 TL Senf
1 ½ EL Hefeflocken
Pfeffer

1. Die Schwarzwurzeln gut waschen und ggf. mit Einmalhandschuhen schälen (Achtung, sie kleben bzw. »harzen« stark!). Die Enden abschneiden und die Stangen in 2–3 cm große Stücke teilen, dann in eine Schüssel mit Wasser und Zitronensaft legen, damit sie sich nicht bräunlich verfärben.

2. In einem Topf reichlich Wasser mit 2 TL Salz aufkochen und die Schwarzwurzeln darin in 10–15 Min. bissfest garen. (Einfach mit einer Gabel eine Garprobe machen!) Anschließend in ein Sieb abgießen und abtropfen lassen.

3. Währenddessen in einer kleinen Pfanne in etwas Öl die zerbröselte Chilischote andünsten und die Semmelbrösel dazugeben. Alles so lange unter Rühren rösten, bis die Brösel eine schöne braune Farbe angenommen haben und beginnen zu duften. Vom Herd nehmen und abkühlen lassen.

4. Die Nudeln nach Packungsanweisung in Salzwasser bissfest garen, dabei etwa 1 Min. vor Ende der Garzeit die TK-Erbsen hinzufügen. Dann beides in einem Sieb abtropfen lassen.

5. Inzwischen für die Sauce Zwiebeln und Knoblauch schälen, fein würfeln und in einer Pfanne in etwas Öl andünsten. Das Mehl dazugeben, gut mischen und kurz anrösten. Sobald das Mehl beginnt, etwas Farbe anzunehmen, Sojacreme und Brühe hinzufügen und unterrühren. Zuletzt Gewürze (Senf, Hefeflocken, Pfeffer), Nudeln, Erbsen und Schwarzwurzeln unterheben. Alles gut mischen und nochmals kräftig abschmecken. Zum Servieren die Pasta auf Tellern anrichten und mit den Chilibröseln bestreuen.

Tipp **Wenn du etwas Erfahrung mit Schwarzwurzeln hast, kannst du die Nudeln, entsprechend der Packungsanweisung, direkt zu den Schwarzwurzeln ins Kochwasser geben und mitgaren – so sparst du einen Arbeitsschritt.**

Vegane Mahlzeiten intelligent zusammenstellen

Natürlich existiert nicht DIE perfekte Anleitung, wie man Gemüse – die Basis der veganen Gerichte – gut mit anderen pflanzenbasierten Zutaten kombiniert. Trotzdem gibt es ein paar einfache Tipps und Tricks, die Orientierung bieten können. Gerade wenn du kein Rezept nachkochen, sondern selbst kreativ werden oder einfach nur Gemüse aufbrauchen möchtest, sind diese hilfreich.

DIE PERFEKTE BOWL

Besonders beliebt und bestens geeignet für einfache Kombis sind Bowls – also große Schalen, in denen man verschiedene Kategorien von Lebensmitteln zu einem nahrhaften und leckeren Gericht »modular« zusammenstellt. Du kannst dir dabei folgende Faustregel merken, grammgenaues Abwiegen der einzelnen Zutaten ist nicht nötig:

- *10 % Salat und Grünes (z. B. Blattsalate, Rucola, Baby-Blattspinat, Mangold, Feldsalat, ebenso Kohlsorten wie Spitzkohl, Rotkohl, Grünkohl und natürlich Kräuter wie Petersilie oder Basilikum)*
- *15 % Kohlenhydratreiches (z. B. Naturreis, Quinoa, Amarant, Couscous, (Süß-)Kartoffeln, Vollkorn- oder Hülsenfrüchtenudeln, Kürbis oder Hirse)*
- *25 % Gemüse (z. B. Tomaten, Möhren, Zucchini, Paprika, Fenchel, Staudensellerie, Gurken, Radieschen, Rote Bete und auch Pilze)*
- *25 % Proteine (Hülsenfrüchte wie Linsen, Bohnen oder Kichererbsen, Tofu, Tempeh)*
- *15 % Fette (z. B. Avocado, hochwertige Pflanzenöle)*
- *10 % Topping (z. B. Nüsse, Sprossen, Früchte wie Granatapfelkerne)*

Typisch ist übrigens, dass man die Zutaten nicht mischt, sondern gruppenweise in der Bowl arrangiert. Und gewürzt wird das Ganze mit einem leckeren Dressing (s. S.89 und 129).

»A GREEN, A GRAIN, A BEAN«

Bei diesem Prinzip kombinierst du die drei Lebensmittelgruppen und erhältst dadurch automatisch für vegan lebende Menschen ernährungsphysiologisch ausgeglichene Mahlzeiten. Denn Gemüse (»green«) enthält wichtige Vitamine und Mineralstoffe, Getreide (»grain«) ist eine hervorragende Quelle für Kohlenhydrate, Proteine sowie Ballaststoffe und Hülsenfrüchte (»bean«) liefern reichlich Pflanzenprotein. Zudem garantiert die Kombination von bestimmten Hülsenfrüchten und Getreide eine hohe biologische Wertigkeit (s. S. 65).

EAT THE RAINBOW

Vielleicht hast du den Slogan schon mal gehört oder dargestellt durch regenbogenfarbig sortiertes Obst und Gemüse gesehen? Der Hintergrund: Die Farben von Obst und Gemüse hängen häufig (nicht immer!) mit besonders wertvollen und gesunden Inhaltsstoffen zusammen. So sind zum Beispiel violette Obstsorten wie Blaubeeren reich an Antioxidanzien und oranges Gemüse wie Möhren oder Süßkartoffeln liefern reichlich Beta-Carotin.

Das sollte auf dem Teller liegen

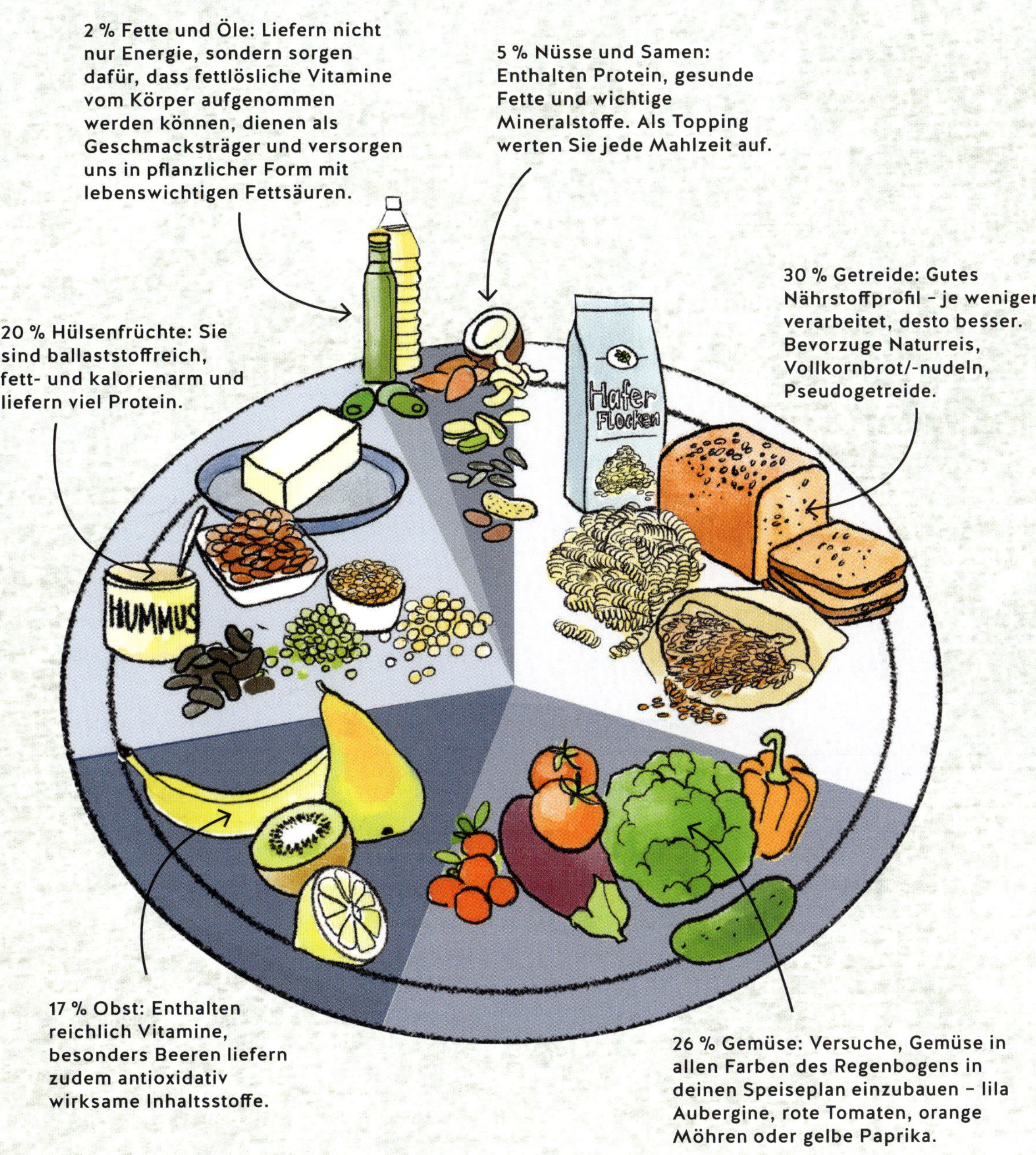

Dinkelpfanne mit Grünkohl

Für 4 Personen • 1 Std. Zubereitung

2 Zwiebeln
2 Knoblauchzehen
1 Stange Lauch
1 Dose Kichererbsen
(ca. 240 g Abtropfgewicht)
Öl zum Anbraten
250 g Dinkel (ganzes Korn)
100 ml veganer Weißwein
250 ml Gemüsebrühe
50 g Pinienkerne
1 Handvoll Dillspitzen
200 g Grünkohl
Saft von 1 Zitrone
Salz, Pfeffer

1. Zwiebeln und Knoblauchzehen schälen und fein würfeln. Den Lauch putzen, gründlich waschen, der Länge nach halbieren und weiße und grüne Teile separat in dünne Scheiben schneiden. Die Kichererbsen in einem Sieb abbrausen und abtropfen lassen.

2. In einer großen Pfanne etwas Öl erhitzen und Zwiebeln, Knoblauch und das Weiße vom Lauch darin wenige Min. andünsten. Dann das Grüne vom Lauch hinzufügen. Den Dinkel in einem Sieb so lange abbrausen, bis das Spülwasser klar abläuft, und mit in die Pfanne geben. Den Wein hinzufügen und einkochen. Die Brühe und die Kichererbsen dazugeben, die Hitze reduzieren und die Dinkelpfanne zugedeckt bei kleiner Hitze 30–40 Min. leise köcheln lassen. Dabei ab und zu umrühren und, falls nötig, etwas Wasser dazugießen.

3. Inzwischen die Pinienkerne in einer kleinen Pfanne ohne Fett anrösten, herausnehmen und abkühlen lassen. Den Dill waschen, trocken tupfen und grob hacken. Den Grünkohl waschen und in kleine Stücke zupfen. Einen Topf mit Wasser aufkochen und den Grünkohl darin 2–3 Min. blanchieren, sodass er weicher wird. In ein Sieb abgießen und kalt abschrecken.

4. Zum Servieren den Grünkohl zur Dinkelpfanne geben und kurz unterheben. Alles mit Zitronensaft, Salz und Pfeffer abschmecken und auf Tellern anrichten. Mit Pinienkernen und Dill garnieren.

Variante

Dinkel hat im Vergleich zu Risotto-Reis oder anderen Reissorten etwas mehr Biss und gart nicht ganz so weich. Falls du keinen Dinkel bekommst, kannst du auch Gerstengraupen (geschliffene Gerste) oder Farro (ital. Dinkel) verwenden. Beachte in diesem Fall die geänderte Kochzeit.

Quinoa-Bowl mit BBQ-Kichererbsen

Für 4 Personen • 40 Min. Zubereitung • 12 Min. Backen

200 g (rote) Quinoa
1 Dose Kichererbsen (240 g Abtropfgewicht)
3 EL Olivenöl
2 TL BBQ-Gewürz
Salz, Pfeffer
1 EL Sojasauce
75 g Cashewkerne
2 Möhren
100 g Blattspinat
1 Handvoll Radieschen
1 Brokkoli
½ Beet Kresse

Für das Dressing

1 Zitrone
1 kleine Knoblauchzehe
⅓ Salatgurke (ca. 150 g)
50 g Tahin (Sesampaste)
Salz
½ TL gemahlener Kreuzkümmel

1. Die Quinoa nach Packungsanweisung weich garen, das dauert ca. 15 Min. Inzwischen den Backofen auf 180° vorheizen. Ein Backblech mit Backpapier belegen.

2. Die Kichererbsen in einem Sieb abbrausen und abtropfen lassen. In einer Schüssel mit Olivenöl, BBQ-Gewürz, Salz, Pfeffer und Sojasauce mischen. Die Kichererbsen auf dem Blech verteilen und im Ofen (Mitte) 10–12 Min. backen, dabei nach ca. 5 Min. einmal durchmischen. Je länger die Kichererbsen im Ofen sind, umso knuspriger werden sie. Anschließend herausnehmen und beiseitestellen.

3. Währenddessen die Cashewkerne grob hacken und nach Belieben in einer Pfanne ohne Fett kurz rösten. Herausnehmen und abkühlen lassen. Möhren schälen und auf der Gemüsereibe in feine Streifen hobeln. Spinat verlesen, waschen und trocken schütteln. Radieschen putzen, waschen und in dünne Stifte oder Scheiben schneiden. Brokkoli putzen, waschen und in Röschen teilen. Dann in einem Topf in kochendem Wasser ca. 2 Min. blanchieren, in ein Sieb abgießen und kalt abschrecken.

4. Für das Dressing die Zitrone halbieren und auspressen. Die Knoblauchzehe schälen. Die Gurke waschen. Alle Zutaten mit dem Tahin in einen hohen Rührbecher geben und mit dem Pürierstab homogen pürieren. Mit Salz und Kreuzkümmel würzen. Je nach Wassergehalt der Gurke variiert die Konsistenz. Um es etwas cremiger und fester zu bekommen, mehr Tahin hinzufügen. Um es etwas flüssiger zu haben, etwas mehr Gurke.

5. Zum Servieren die Kresse vom Beet schneiden. Die Quinoa auf Schalen (Bowls) verteilen und die übrigen Zutaten darauf nebeneinander separat anrichten. Zuletzt mit dem Dressing beträufeln und mit Cashewkernen und Kresse garnieren.

Gemüse ist mein Fleisch …

Wenn du einmal überlegst, wodurch sich beim Essen tierische Produkte wie Fleisch oder Fisch auszeichnen, dann gibt es vermutlich ein paar einfache Antworten: Geschmack, Geruch, Konsistenz, Textur, Biss und einige weitere. Vieles davon verbindest du unbewusst vermutlich mit bestimmten Gerichten oder Zutaten. In den meisten Fällen werden diese Assoziationen aus deiner Kindheit und Jugend stammen und vor allem durch die zu dieser Zeit erlernten Essensgewohnheiten sowie typischen Gerichte geprägt sein.

WENIGER IST MEHR

Darüber hinaus gibt es beim Essen und Kochen häufig eine Trennung von Lebensmittelkategorien wie Fleisch, Fisch, Milchprodukten und auf der anderen Seite Obst, Gemüse sowie Sättigungsbeilagen. Gerade beim bewussten Verzicht auf tierische Lebensmittel, die jahrelang selbstverständlich auf dem Speiseplan standen, kann so schnell das Gefühl eines Verzichts oder Fehlens auftauchen.

Umso spannender ist, dass sich Gemüse, Obst, aber auch andere pflanzliche Lebensmittel sehr vielfältig, abwechslungsreich und kreativ zubereiten lassen. Einige Zutaten eignen sich gut, um typische Attribute von tierischen Lebensmitteln – wie herzhaften Geschmack, faserige Textur oder knackigen Biss – vergleichbar in einer rein pflanzlichen Variante zuzubereiten. So viel vorweg: Das EINE Gemüse oder die EINE Zutat, mit der Fleisch »ersetzt« werden kann, gibt es nicht, dafür tolle Alternativen, je nachdem, was zubereitet werden soll.

PILZE

Eine der wohl vielfältigsten und spannendsten Lebensmittelgruppen, die sich für herzhafte Gerichte eignen, sind Pilze. Champignons, Pfifferlinge und Austernpilze hast du bestimmt schon mal gegessen oder bereitest sie selbst regelmäßig zu. Unter den Speisepilzen gibt es aber noch eine große Anzahl weiterer Sorten wie Kräuterseitlinge, Krause Glucke, Morcheln, Steinpilze, Shiitake und andere. Mehr dazu ab S. 144.
Neben ihrer Konsistenz, die häufig bissfest, faserig und je nach Zubereitungsart sehr unterschiedlich ausfallen kann, bieten Pilze tolle Geschmackserlebnisse. So gibt es viele Sorten, die einen kräftigen, herzhaften (Umami-)Geschmack (s. S. 99) haben.

JACKFRUIT

Die Jackfruit (Jackfrucht) ist eine Frucht, die sich vor allem in der süd- und südost-asiatischen Küche großer Beliebtheit erfreut. Ihr Fruchtfleisch ist im unreifen Zustand faserig und weist Ähnlichkeit mit bei Niedrigtemperatur gegartem Braten (z. B. Pulled Pork) auf. Die »junge« Jackfruit hat nur wenig Eigengeschmack und eignet sich deshalb gut zur Weiterverarbeitung. Die »reife« Jackfruit hingegen hat ein intensives, süßliches Aroma und kann wie Obst als Snack gegessen werden.
Hinweis: Wenn du mit Jackfruit etwas Herzhaftes zubereiten möchtest, achte beim Kauf darauf, die junge Frucht zu kaufen. Du findest sie meist geschält und in Stücke geschnitten in Glas oder Dose. Für die Haltbarkeit wird die Frucht meistens in eine Salzlake eingelegt.

SELLERIE, BLUMENKOHL, WURZELGEMÜSE

Insbesondere Wurzelgemüse wie Sellerie, Steckrüben, Möhren oder Schwarzwurzeln, aber auch anderes Gemüse wie Blumenkohl lassen sich vielfältig und kreativ verwenden, um wunderbar herzhaft-deftige Gerichte zuzubereiten. Besonders bekannt und beliebt sind zum Beispiel Selleriesschnitzel, Cauliflower Wings (vegane Alternative zu Chicken Wings mit Blumenkohlröschen), Carrot Dogs (vegane Hot Dogs mit Möhren) und vieles mehr.

SEITAN

Seitan wird auf Basis von Weizeneiweiß in Kombination mit Flüssigkeit (z.B. Wasser, Gemüsebrühe oder Sojasauce) sowie weiteren Zutaten und Gewürzen zubereitet. Ziel dabei ist es, eine fleischähnliche Konsistenz zu erreichen. Das funktioniert vor allem für pflanzliche Wurst-, Braten- und Aufschnittalternativen relativ gut.

ALGEN

Für pflanzliche Alternativen zu Fisch und vor allem für den typischen Geschmack nach Meer und Salz eignen sich Algen hervorragend. In Deutschland ist vor allem die Nori-Alge als Außenhülle der Sushi-Röllchen bekannt. Es gibt aber viele weitere Sorten, die zum Verzehr geeignet sind und jeweils ein charakteristisches Aroma besitzen. So findet sich zum Beispiel in Ramen häufig Kombu, ein Seetang. Die Nori-Alge lässt sich genauso zur Zubereitung von »Karottenlachs« oder auch von pflanzlichem Schlemmerfilet nutzen.

WEITERE PROTEINQUELLEN

Viele der im Supermarkt angebotenen Fleisch- und Wurstalternativen werden auf Basis von pflanzlichen Proteinquellen produziert. So kommen häufig isolierte Proteine wie Soja-, Weizen-, Erbsen- oder Lupinenprotein zum Einsatz. Diese werden je nach Produkt weiterverarbeitet und zum Beispiel texturiert, um eine möglichst fleischähnliche Konsistenz zu erhalten. Oft kommen außerdem Aromen, Geschmacksverstärker, Farbstoffe und Konservierungsstoffe zum Einsatz. Sprich, es handelt sich meist um stark verarbeitete Lebensmittel.

Mittlerweile gibt es eine Vielzahl an Produkten, die in Aussehen, Textur und auch Geschmack tierischen Produkten täuschend ähnlich sind. Noch im Experimentierstadium befinden sich hierzulande Produkte aus sogenanntem Hybridfleisch. Noch im Experimentierstadium befindet sich sogenanntes zellkultiviertes Fleisch, das in Bioreaktoren mit tierischen Zellen durch Kultivierung in einem pflanzlichen Nährmedium hergestellt wird.

»Karottenlachs«

Für 8 Personen • 20 Min. Zubereitung • 12 Std. Reifen (über Nacht)

1 kg Möhren
Salz
Zucker
1 EL Zitronensaft
4 EL Olivenöl
2 TL Liquid Smoke (Flüssigrauch; s. Tipp)
1 Blatt Nori-Alge (ca. 20 × 20 cm)

1. Am Vorabend die Möhren schälen und von den Enden befreien. Auf der Gemüsereibe oder mit dem Sparschäler in lange, dünne Streifen schneiden. Einen Topf mit Wasser füllen, 1 Prise Salz hinzufügen und aufkochen. Sobald das Wasser kocht, die Möhrenstreifen darin ca. 2 Min. blanchieren. In ein Sieb abgießen, kalt abschrecken und abtropfen lassen.

2. Für die Marinade 2 EL Salz, 1 Prise Zucker, Zitronensaft, Olivenöl und Liquid Smoke mischen. Die Möhrenstreifen in eine gut verschließbare Dose geben und mit der Marinade übergießen. Den Deckel schließen und alles sehr gut durchschütteln.

3. Zuletzt das Nori-Blatt halbieren und zwischen den Möhrenstreifen platzieren. Die Möhren verschlossen im Kühlschrank mindestens 12 Std., am besten über Nacht, durchziehen lassen. Dabei ab und zu kurz durchschütteln, sodass sich die Flüssigkeit gleichmäßig verteilen kann.

4. Am nächsten Tag den Karottenlachs nochmals abschmecken, vor allem mit etwas Salz und ggf. Säure (Zitronensaft). Er lässt sich wie geräucherter Lachs servieren, zum Beispiel mit Roggenbrot oder Bagels, veganer Frischkäse-Alternative, eingelegten Kapern und Dillspitzen.

Tipp **Liquid Smoke, flüssiger Rauch, ist ein Raucharoma, das durch Pyrolyse aus Sägemehl hergestellt wird. Hochwertiger Liquid Smoke enthält nur Wasser und Rauch als Zutaten und zeichnet sich durch ein intensives Raucharoma aus. Liquid Smoke eignet sich somit hervorragend, um Gerichten ein Räucheraroma zu verleihen, ohne dass diese tatsächlich geräuchert werden müssen. Du findest Liquid Smoke in Online-Shops und gut sortieren Supermärkten – vor allem in Grillshops und Grillabteilungen von Pflanzen- und Baumärkten.**

Jackfruit-Tajine mit Zitruscouscous

Für 4 Personen • 1 Std. Zubereitung

Für die Tajine
2 Dosen eingelegte Jackfruit
(à ca. 250 g Abtropfgewicht)
2 große weiße Zwiebeln
4 Knoblauchzehen
2 Dosen Kichererbsen
(à ca. 240 g Abtropfgewicht)
10 Datteln (entsteint)
Öl zum Anbraten
3 EL Tomatenmark
2 Dose stückige Tomaten
(à ca. 400 g)
200 ml Gemüsebrühe
1 EL Ras el Hanout
1 TL gemahlener Kreuzkümmel
½ TL gemahlene Kurkuma
2 EL Sojasauce
2 EL Ahornsirup
(oder Agavendicksaft)
100 g Mandelblättchen
Salz, Pfeffer
etwas gehackte Petersilie zum Garnieren

Für den Zitruscouscous
1 große Knoblauchzehe
Öl zum Anbraten
250 ml Gemüsebrühe
250 g Couscous
Salz
1 Bio-Zitrone

1. Für die Tajine die Jackfruit in einem Sieb abtropfen lassen und mit den Händen grob zerkleinern. Dabei das weiche Fruchtfleisch vom festen Strunk lösen, den Strunk in kleine Stifte schneiden. Zwiebeln und Knoblauch schälen und fein würfeln. Die Kichererbsen in einem Sieb abbrausen und gut abtropfen lassen. Die Datteln klein schneiden.

2. Zwiebeln und Knoblauch in einem großen Topf in etwas Öl ca. 2 Min. andünsten, Tomatenmark und Jackfruit hinzufügen. Da die Jackfruit in Wasser eingelegt war, wird beim Erhitzen zunächst Wasser entweichen. Sobald das Wasser eingekocht ist, die Jackfruit noch 2–3 Min. dünsten. Anschließend Kichererbsen, Tomatenstücke, Brühe, Gewürze, Sojasauce, Ahornsirup und Datteln hinzufügen. Alles offen bei mittlerer Hitze ca. 20 Min. köcheln lassen, bis die Tomaten einkocht sind. Inzwischen die Mandeln in einer Pfanne ohne Fett hell anrösten, herausnehmen und abkühlen lassen.

3. Währenddessen für den Couscous den Knoblauch schälen und sehr fein würfeln. In einem Topf in etwas Öl andünsten (Wichtig: nicht bräunen und nur kurz erhitzen!). Anschließend die Brühe hinzufügen, aufkochen, die Platte ausschalten, den Couscous und etwas Salz dazugeben und alles gut mischen. Vom Herd nehmen und zugedeckt 4–5 Min. quellen lassen, zwischendurch kurz mit einer Gabel etwas auflockern. Inzwischen die Zitrone heiß waschen, abtrocknen und die Zesten abreiben. Die Zitrone halbieren und auspressen. Sobald der Couscous fertig ist, Zitronenzesten und -saft unterheben und alles nochmals mit Salz abschmecken.

4. Zum Servieren die Jackfruit-Tajine nochmals mit Salz und Pfeffer abschmecken und mit Zitruscouscous, Mandelblättchen und Petersilie anrichten. Dazu passt als Dip das Zugh von S. 97.

Black Bean Burger

Für 6 Personen • 30 Min. Zubereitung

Für die Burger
50 g Rundkornreis
60 g Walnusskerne
1 Zwiebel
1 Dose schwarze Bohnen (ca. 240 g Abtropfgewicht)
50 g zarte Haferflocken
2 EL Tomatenmark
1 eingelegte Chilischote (z. B. Chipotle, s. Tipp)
½ TL Salz
Pfeffer
1 TL Knoblauchpulver (oder ½ durchgepresste Knoblauchzehe)
2 TL Senf
1 TL Liquid Smoke (Flüssigrauch, s. S. 132)
1 EL Sojasauce
Öl zum Braten

Außerdem
6 Burgerbrötchen
2 Tomaten
1 Zwiebel
¼ Kopfsalat
etwas vegane Remoulade (s. S. 25) oder BBQ-Sauce zum Servieren

1. Den Reis nach Packungsanweisung bissfest garen und etwas abkühlen lassen. Die Walnüsse in einer kleinen Pfanne ohne Fett hell anrösten, bis sie beginnen zu duften und etwas Farbe anzunehmen. Herausnehmen und abkühlen lassen.

2. Die Zwiebel schälen und fein würfeln, dann in der gleichen Pfanne ohne Fett anrösten, bis sie Farbe angenommen hat. Die Bohnen in einem Sieb abbrausen und gut abtropfen lassen.

3. In eine Küchenmaschine mit S-Klinge (Food-Processor) Walnüsse, Haferflocken, Tomatenmark, Chilischote (evtl. Kerne entfernen!), ½ TL Salz, Pfeffer, Knoblauch, Senf, Liquid Smoke, Sojasauce, die Hälfte der Bohnen (ca. 120 g) und die Hälfte vom Reis (ca. 25 g) geben. Alles auf höchster Stufe 20–30 Sekunden mixen, bis eine grobe Masse entstanden ist. (Achtung, nicht zu lange zu mixen, die Masse darf nicht zu fein und zu flüssig werden!)

4. Die Masse in eine Schüssel füllen, die restlichen Bohnen, Reis und Zwiebel hinzufügen und alles gut mischen. Die Masse nochmals kräftig abschmecken, daraus mit angefeuchteten Händen 6 Bratlinge formen und in einer Pfanne in etwas Öl anbraten. Dabei nicht zu viel Öl verwenden und die Pfanne nicht zu heiß werden lassen, da der Bratling sonst leicht verbrennt. Die Bratlinge auf jeder Seite ca. 5 Min. braten, dabei, falls nötig, noch etwas Öl dazugeben. Die Bratlinge herausnehmen und als Burger servieren – in Buns mit Tomaten, Zwiebelringen, Kopfsalatblättern schichten und mit Remoulade oder BBQ-Sauce beträufeln.

Tipp **Chipotle sind geräucherte Chilischoten, die neben ihrer Schärfe ein herzhaftes Räucheraroma haben. Du kannst sie getrocknet, als Gewürz oder eingelegt kaufen.**
Alternativ die Bratlinge grillen oder im Ofen garen. Dazu mit Öl bestreichen, nebeneinander auf ein Backblech legen und im Ofen (Mitte) bei 180° 10–15 Min. backen.

Fermentation – alte Technik neu entdeckt

Die Wichtigkeit und Bedeutung von Fermentationsprozessen für viele Lebensmittel lässt sich wahrscheinlich gar nicht hoch genug einschätzen. Zum einen spielen sie eine entscheidende Rolle bei der Haltbarmachung von Lebensmitteln, zum anderen bei deren Produktion – und auch für die Bekömmlichkeit bestimmter Zutaten sind sie unerlässlich. Zu den bekanntesten Lebensmitteln, bei denen Fermentation eine Rolle spielt, gehören Sauermilchprodukte wie Joghurt, Kefir oder Buttermilch, fermentiertes Gemüse wie Sauerkraut und Kimchi, Sauerteig als Grundzutat für Brote und Gebäcke sowie Tee, Tabak, Kaffee, Bier, Wein, Käse und viele mehr.

DIE VORTEILE VON FERMENTIERTEM GEMÜSE

- Gemüse wird haltbar gemacht, ohne dass Vitamine oder Mineralstoffe durch Hitzeeinwirkung (Garverluste) verlorengehen.
- Vitamine, vor allem B- und C-Vitamine, werden konserviert und für den Körper leicht verfügbar gemacht.
- Man benötigt keinerlei Konservierungsmittel.
- Viele fermentierte Lebensmittel haben einen positiven Effekt auf das Verdauungssystem, weil sie das Mikrobiom vielfältig halten.
- Allerdings entsteht beim Vergären Histamin – Fermentiertes ist also nichts für Menschen mit einer Intoleranz.

DIE BAKTERIEN MACHEN'S

Allgemein bezeichnet man mit Fermentation die mikrobielle oder enzymatische Umwandlung organischer Stoffe in Säure, Gase oder Alkohol. Der Fermentationsprozess kann zum Beispiel durch Zugabe von Bakterien, Pilzen oder anderen Zellkulturen (zusammengefasst als Mikroorganismen bezeichnet) in Gang gesetzt werden. Aber auch eine sogenannte Spontangärung ist möglich, wenn von Natur aus im Lebensmittel vorhandene Mikroorganismen genutzt werden.

MILCHSÄUREGÄRUNG

Bei der milchsauren Vergärung werden verschiedene Zucker verstoffwechselt und unter anderem in Milchsäure umgewandelt. Am bekanntesten ist diese Fermentation bei Sauermilchprodukten wie Joghurt, Kefir und Buttermilch (s. S. 48). Aber auch viele Gemüsesorten können so haltbar gemacht werden – dazu zählen zum Beispiel Kimchi, Sauerkraut oder essigsauer eingelegtes Gemüse.
Sauerteig ist im Prinzip eine Mischung aus Mehl (meist Roggen), Wasser, Sauerteighefen und Milchsäurebakterien. Da Roggen anders als Weizen kein elastisches Klebereiweiß enthält, benötigt das Mehl

So geht Fermentation

1. Gemüse klein schneiden und in ein sauberes Glas schichten.

2. Das Glas vollständig mit Salzlake aufgießen und luftdicht verschließen.

3. Milchsäurebakterien beginnen, Kohlenhydrate in Milchsäure abzubauen.

4. Nach gut 1 Woche kannst du das fermentierte Gemüse genießen.

erst die Säuerung, damit Eiweiß und Quellstoffe dann Wasser binden und beim Backen eine schöne Krume bilden können.

Durch die Fermentation erhalten die Lebensmittel ihren typischen säuerlichen Geschmack und eine längere Haltbarkeit. Die Vergärung mit Milchsäurebakterien kann spontan erfolgen, das heißt, man nutzt die bereits vorhandenen Milchsäurebakterien und »wartet«, bis der Fermentationsprozess voranschreitet. So geht man vor allem bei der Fermentation zu Hause und im kleineren Maßstab vor. Für die industrielle Lebensmittelherstellung wird die Fermentation durch Zugabe entsprechender Mikroorganismen genau gesteuert.

SCHIMMELPILZE

Besondere Mikroorganismen kommen zum Beispiel in Schimmelpilzen vor. Sie werden einerseits zur Veredelung von Nahrungsmitteln (z. B. bei Camembert, Blauschimmelkäse, Wurst oder Tempeh) eingesetzt. Andererseits dienen sie als Quelle für Antibiotika und andere Medikamente. Die für Nahrungsmittel verwendeten Edelschimmelpilze weisen die Besonderheit auf, dass sie für den menschlichen Organismus harmlos sind und gleichzeitig spezifische Aromen bilden, die dem Lebensmittel ihren charakteristischen Geschmack verleihen. Zu den bekanntesten Schimmelpilzarten gehören Penicillium roqueforti und Penicillium camemberti, die entsprechend der Nutzung für die bekannten Camembert- und Roquefort-Käsesorten benannt sind.

Nicht zu vergessen ist die schädliche Seite von Schimmelpilzen. So können bestimmte Vertreter dieser genauso Verursacher von Pilzkrankheiten und Erreger von Infektionskrankheiten sein. Ungünstige Schimmelpilzgifte entstehen auch auf verdorbenen Lebensmitteln – davon befallene Produkte solltest du am besten vollständig entsorgen! Die Schimmelpilzgifte (Mykotoxine) breiten sich nämlich für das menschliche Auge »unsichtbar« aus – ein Befall durch den sichtbaren Schimmelpilz lässt somit keinen Rückschluss auf die betroffenen Stellen zu.

Basisrezept Kimchi

Für ca. 1,5 kg (10 Portionen) • 2 Std. Ruhen • 30 Min. Zubereitung • 7–10 Tage Reifen

1 kg Chinakohl
60 g Salz
½ Birne (oder ½ Apfel)
3 Knoblauchzehen
35 g koreanische Chiliflocken
3 EL kräftige Sojasauce (Tamari)
⅓ weißer Rettich
3 Frühlingszwiebeln
2 Möhren

1. Den Chinakohl waschen, vom Strunk befreien und in grobe Stücke schneiden. Mit 50 g Salz in einer Schüssel gut mischen und ca. 2 Std. stehen lassen. Anschließend das ausgetretene Wasser abgießen und den Chinakohl in einem Sieb mehrmals abbrausen, sodass das Salz entfernt wird.

2. Die Birne schälen, entkernen und grob schneiden. Knoblauch schälen und grob würfeln. 75 ml Wasser, Birne, Knoblauch, koreanische Chiliflocken, übriges (2 TL) Salz und Sojasauce in einem hohen Rührbecher mit dem Pürierstab glatt pürieren. Die Chilipaste probieren und etwas verdünnen, falls sie zu scharf ist, da das Kimchi dann auch sehr scharf sein wird.

3. Das übrige Gemüse (Rettich, Frühlingszwiebeln, Möhren) putzen, waschen bzw. schälen und in kleine Stücke bzw. Stifte schneiden oder auf der Gemüsereibe raspeln. Den Chinakohl mit Chilipaste und Gemüse in einer großen Schüssel gründlich mischen, sodass die Chilipaste gleichmäßig verteilt ist.

4. Den marinierten Chinakohl in ein mit kochendem Wasser ausgespültes Gefäß geben und dabei gut nach unten drücken, sodass möglichst wenig Luft eingeschlossen ist. Das funktioniert zum Beispiel super mit einem Kartoffelstampfer. Einen Deckel auf das Gefäß legen und das Kimchi bei Zimmertemperatur 2–4 Tage stehen lassen. Dabei jeweils nach 1 Tag das Kimchi nochmals nach unten drücken, sodass es gut mit Flüssigkeit bedeckt ist und im Glas bleibt. Je länger das Kimchi bei Zimmertemperatur fermentiert, desto saurer wird es.

5. Nach 2–4 Tagen Fermentation das Kimchi luftdicht verschließen und kühl stellen. Im Kühlschrank lagern, vor dem Verzehr am besten noch 1 Woche durchziehen lassen.

Basisrezept Sauerkraut

Für ca. 1kg (8 Portionen) • 25 Min. Zubereitung • 5–8 Tage Reifen

1 kg Weißkohl
10 g Salz (ca. 1–1,5 % des Weißkohlgewichts)

1. Die äußeren Blätter des Weißkohls entfernen. Den Kohl vierteln und gründlich waschen. Den Strunk entfernen und den Weißkohl in dünne Streifen schneiden. (Alternativ den Kohl auf der Gemüsereibe in dünne Streifen hobeln.) Die Streifen in einer Schüssel mit dem Salz mischen und mit den Händen ca. 5 Min. kräftig (!) durchkneten. (Alternativ einen Kartoffelstampfer oder Vergleichbares nutzen, damit dauert es etwas länger.) Nach dem Kneten sollte deutlich sichtbar Flüssigkeit aus dem Kohl ausgetreten und die Kohlstreifen sollten weicher sein.

2. Ein großes Glas (z. B. Weckglas, Tongefäß oder Mason Jar) mit heißem Wasser gründlich spülen. Den Kohl hineingeben und fest andrücken. Idealerweise ist das Glas gut gefüllt, sodass wenig Luft enthalten ist. Falls Flüssigkeit in der Schüssel übrig bleibt, diese mit in das Glas geben, sodass der Kohl leicht davon bedeckt ist.

3. Falls möglich, das Sauerkraut im Gefäß beschweren. Dann mit dem Deckel locker verschließen (nicht luftdicht!), indem man ihn nur auflegt (alternativ mit einem sauberen Geschirrtuch oder einem Stück Frischhaltefolie und einem Gummi verschließen). So können entstehende Gase aus dem Glas entweichen.

4. Das Glas bei 18–20° 5–7 Tage ruhen lassen, dabei sicherheitshalber so aufstellen, dass entweichende Flüssigkeit aufgefangen werden kann. Recht schnell werden kleine Bläschen aufsteigen – ein gutes Zeichen, dass die Fermentation begonnen hat (umso wärmer, umso schneller). Sobald (fast) keine Bläschen mehr aufsteigen, ist das Sauerkraut fertig. Anschließend das Sauerkraut verwenden oder verschlossen im Kühlschrank lagern, es hält sich so mehrere Monate. Mit der Zeit ändert sich der Geschmack.

Die Kultivierten und die Wilden: Pilze

Pilze bestehen vor allem aus Wasser und Eiweiß, sie enthalten kaum Fett oder Kohlenhydrate und sind entsprechend kalorienarm. Darüber hinaus liefern sie je nach Sorte verschiedene Vitamine und Mineralstoffe. Diese Zusammensetzung prädestiniert Pilze zu einem idealen veganen Fleischersatz, sie sind schön bissfest und schmecken »umami« (s. S. 99) – ideal als Hackfleischersatz, Braten, zum Panieren oder im veganen Gulasch. Durch den hohen Eiweißanteil neigen Pilze allerdings dazu, bei Kontakt mit Sauerstoff sich rasch zu zersetzen. Dabei können unter anderem schwer verdauliche bis giftige Stoffe entstehen. Werden diese verzehrt, kann es zu Magen-Darm-Beschwerden oder sogar einer sogenannten »unechten« Pilzvergiftung kommen.

Aktuell wird geschätzt, dass es bis zu 4 Millionen Pilzarten gibt. Davon sind einige Hundert als Speisepilze bekannt. Tatsächlich wirst du davon aber nur ein Dutzend im Handel finden. Großer Vorteil: Fast alle sind ganzjährig erhältlich. Neben Aussehen und Geschmack unterscheiden sich die Pilze vor allem durch ihre Konsistenz, Textur und damit auch den Biss, den sie beim Kochen erhalten.

WILDPILZE SAMMELN

Neben den bekannten Speisepilzen, die es im Handel zu kaufen gibt, wachsen in Deutschland viele, meist unbekannte, Wildpilzsorten. Hierin besteht eine der Herausforderungen beim selbstständigen Sammeln. Wenn du dir nicht 100 % sicher bei der Bestimmung bist, solltest du den Pilz in keinem Fall verzehren und am besten erst gar nicht sammeln! Das beste Wetter zum Sammeln ist in der Regel dann, wenn es etwas feucht und warm ist, häufig also im Frühjahr und Herbst. Achte beim Tragen und Lagern darauf, dass die Pilze luftig und mit Platz transportiert werden, da sie druckempfindlich sind. Zur Bestimmung vor Ort eignen sich entsprechende Bücher und mittlerweile auch eine Vielzahl von Apps bzw. digitalen Helfern.

Klugscheißerwissen

Pilze sind kein Gemüse, sondern neben den Tieren und Pflanzen das dritte große eigenständige Reich der Lebewesen. Durch ihre Verwendung als Lebensmittel in der Küche werden die Speisepilze häufig im Bereich des Gemüses angesiedelt.

PILZE RICHTIG LAGERN

Frische Pilze sollten am besten trocken, kühl und vor allem luftig gelagert werden. Entsprechend darfst du Pilze nie in einer geschlossenen Plastiktüte oder Verpackung (so wie im Supermarkt gekauft) lagern! Pilze, die ungewohnt riechen oder aussehen, solltest du besser nicht verwenden. Möchtest du ein Gericht mit Pilzen aufbewahren, solltest du unbedingt darauf achten, dass es durchgängig gekühlt ist. Das gilt nicht nur für Pilzgerichte, sondern für alle leicht verderblichen Lebensmittel.

DARF ICH PILZE AUFWÄRMEN?

Wenn du dein Pilzgericht nach dem Garen schnell heruntergekühlt und dann dauerhaft kühl gelagert hast, spricht nichts dagegen, Pilze erneut zu erwärmen. Allerdings am besten nur einmal aufwärmen und dabei kurz und stark (über 70°) erhitzen! Wichtig ist dabei, dass du bedenkst, dass Pilze ein leicht verderbliches Lebensmittel sind. Entsprechend zügig sollten diese auch verzehrt werden. Die Meinung, dass man Pilze nicht nochmals erwärmen darf, stammt noch aus einer Zeit, in der eine dauerhafte Kühlung, zum Beispiel durch Kühlschranke, nicht vorhanden war. Damals war es besser, Pilze nicht nochmals zu erwärmen.

5 TIPPS ZU VERZEHR UND LAGERUNG VON PILZEN

- Pilze am besten immer kühl und trocken lagern – auf keinen Fall in Plastiktüten oder mit Plastikverpackung.
- Sollte einmal vom Pilzessen etwas übrig sein, nicht warm halten! Sofort herunterkühlen, auf eine durchgehend kühle Lagerung achten.
- Falls die frisch gekauften Pilze komisch riechen oder aussehen, verzichte lieber auf den Konsum!
- Für alle, die gern selbst sammeln: Bitte nur Pilze essen, die du 100 % bestimmen kannst bzw. kennst.

Champignon-Seitan-Braten

Für 8 Personen • 20 Min. Zubereitung • 1 Std. 10 Min. Backen

200 g Weizengluten (Seitan-Fix oder -Pulver; aus dem Reformhaus oder Drogeriemarkt)
70 g Kichererbsenmehl
30 g Hefeflocken
½ TL getr. Thymian
1 TL gemahlener Kreuzkümmel
½ TL Salz
1 Prise Pfeffer
2 Knoblauchzehen
175 g Champignons
3 EL Sojasauce
1 TL Öl
1 TL Liquid Smoke (Flüssigrauch, s. S. 132)
240–275 ml Gemüsebrühe (s. Tipp)
Öl für das Blech

1. Den Backofen auf 180° vorheizen. Alle trockenen Zutaten in einer Rührschüssel gut mischen. Die Knoblauchzehen schälen und durchpressen. Die Champignons putzen, bei Bedarf mit einem Tuch abreiben und am besten im Blitzhacker so fein pürieren, dass man keine größeren Stücke mehr vorfindet. (Wichtig: Nicht zu lange pürieren, es soll keine Paste entstehen!)

2. Knoblauch, Champignons, Sojasauce, Öl, Liquid Smoke und 240 ml Brühe mischen und den Mix zu den trockenen Zutaten geben. Alles gut mischen und mit den Händen zügig zu einer zähen Masse verkneten. Dabei, falls nötig, die übrigen 35 ml Brühe hinzufügen (s. Tipp). Die Seitan-Masse soll sich zu einem großen Stück formen lassen und gut zusammenhalten.

3. Ein Stück Backpapier mit Öl bestreichen, den Seitan-Braten mittig auf einer Längsseite platzieren, im Backpapier zu einer länglichen Rolle formen und fest einrollen. Dann zwei ca. 30 cm lange Stücke Aluminiumfolie auslegen, dabei ein Stück Alufolie auf der langen Seite ca. 5 cm über das andere ragen lassen. Den in Backpapier eingeschlagenen Braten nochmals in der Alufolie fest verschließen und die Enden wie ein Bonbon verdrehen.

4. Den Seitan-Braten auf das Ofengitter setzen und im Ofen (Mitte) 60–70 Min. backen, dabei nach ca. 30 Min. wenden. Herausnehmen und auf einem Kuchengitter kurz abkühlen lassen. Der vegane Braten ist nach der Zeit durchgebacken und so fest, dass er ohne Probleme aufgeschnitten werden kann. Dazu passt hervorragend die Rotwein-Pflaumen-Sauce von S. 109, Rotkohl, Klöße oder Pellkartoffeln sowie die Crushed Potatoes von S. 180.

Tipp **Die Menge Gemüsebrühe, die du benötigst, hängt stark vom Weizengluten und den Champignons ab. Verwende zunächst nur 240 ml und taste dich einfach vor. Der Braten soll so kompakt bleiben, dass er als ganzes Stück zusammenhält.**

Champignon bourguignon

Für 4 Personen • 25 Min. Zubereitung • 45 Min. Garen

750 g braune Champignons
2 Schalotten
2 Knoblauchzehen
1 Möhre
2 EL Margarine
1 EL Tomatenmark
250 ml veganer Rotwein
250 ml Gemüsebrühe
1 TL getr. Thymian
1 TL getr. Majoran
Salz, Pfeffer
400 g Nudeln
(z. B. Bandnudeln)
etwas gehackte Petersilie zum Garnieren

1. Die Pilze putzen, bei Bedarf mit einem Tuch abreiben und in dünne Scheiben schneiden. Schalotten und Knoblauch schälen und fein würfeln. Die Möhre schälen und klein würfeln.

2. Die Margarine in einer Pfanne zerlassen und die Pilze darin so lange anbraten, bis sie leicht gebräunt sind. Aus der Pfanne nehmen und beiseitestellen. Dann Schalotten, Knoblauch und Möhre in die Pfanne geben und darin kurz andünsten.

3. Das Tomatenmark hinzufügen und kurz mitrösten. Den Rotwein dazugießen und 2–3 Min. einkochen. Anschließend die Brühe und die beiseitegestellten Pilze unterheben. Alles mit Thymian, Majoran, Salz und Pfeffer würzen und zugedeckt bei kleiner Hitze ca. 45 Min. leise köcheln lassen.

4. Rechtzeitig zum Servieren die Nudeln nach Packungsanweisung in Salzwasser bissfest garen, in einem Sieb abtropfen lassen.

5. Nach der Garzeit sollte die Flüssigkeit in der Pilzpfanne gut eingedickt sein. Zum Servieren nochmals kräftig abschmecken und mit den Nudeln auf Tellern anrichten, mit frischer Petersilie garnieren. Als Beilage eignen sich statt der Pasta auch junge Kartoffeln, Kartoffelpüree oder Klöße.

Frikassee mit Kräuterseitlingen

Für 4 Personen • 45 Min. Zubereitung

2 Zwiebeln
500 g Kräuterseitlinge
3 Möhren
1 Glas eingelegte Champignons (ca. 250 g Abtropfgewicht)
1 Glas eingelegte Spargelspitzen (ca. 250 g Abtropfgewicht)
1 EL Olivenöl
1 EL Mehl
75 ml veganer Weißwein
250 g Sojacreme
250 ml Gemüsebrühe
1 Lorbeerblatt
250 g Parboiled-Reis
Salz
150 g TK-Erbsen
Pfeffer
Saft von ½ Zitrone
2 EL Hefeflocken
2 TL Senf

1. Die Zwiebeln schälen und fein würfeln. Die Kräuterseitlinge putzen, bei Bedarf mit einem Tuch abreiben, die Köpfe jeweils abtrennen und beiseitelegen. Jeweils der Länge nach eine Gabel durch den dicken Pilzstiel ziehen und diesen so in feine Fasern zerteilen. Die Köpfe in Scheiben schneiden. Die Möhren schälen und in kleine Würfel schneiden. Pilze und Spargelspitzen jeweils separat in ein Sieb abgießen und abtropfen lassen, dabei die Flüssigkeit auffangen.

2. Die Zwiebeln in einem Topf im Öl andünsten und die Kräuterseitlinge darin wenige Min. mitgaren. Sobald die Pilze weich sind, mit dem Mehl bestäuben und mit dem Wein ablöschen. Sojacreme, Brühe, Möhren und Lorbeerblatt hinzufügen. Alles aufkochen, anschließend bei kleiner Hitze noch ca. 5 Min. garen. Währenddessen den Reis nach Packungsanweisung in Salzwasser bissfest garen.

3. Champignons, Spargelspitzen und TK-Erbsen zum Frikassee hinzufügen. Alles mit Salz, Pfeffer, Zitronensaft, Hefeflocken, Senf sowie gut einem Viertel des aufgefangenen Suds von Spargel und Champignons abschmecken. Das Frikassee nochmals ca. 5 Min. köcheln lassen, die Möhren sollten anschließend gar sein.

4. Zum Servieren das Frikassee nochmals abschmecken und mit dem Reis auf Tellern anrichten.

Variante **Falls du den Spargel oder die eingelegten Pilze im Frikassee nicht magst, kannst du sie einfach weglassen. Sollte gerade Spargelsaison sein, kannst du auch hervorragend 250 g frischen Spargel verwenden. Wie man ihn zubereitet, findest du auf S. 118 beschrieben.**

Nudeln, Reis und Co.

Die meisten dieser Lebensmittel und Produkte sind von Haus aus vegan. Hier erfährst du ihren Weg vom Grundnahrungsmittel zum Genussmittel sowie Wissenswertes zur überraschenden Vielfältigkeit von Getreide und Kartoffeln.

Nudeln, Pasta und mehr – die große Vielfalt

Nudeln werden in der Regel als Oberbegriff für Lebensmittel aus gemahlenem Getreide, Wasser und Salz bezeichnet. Spezielle Nudelsorten enthalten noch weitere Zutaten wie Eier, Gewürze oder Gemüse. Typischerweise werden Nudeln durch Formen und Trocknen hergestellt, ohne dabei gebacken zu werden oder andere Garprozesse zu durchlaufen. Es gibt auch Nudelsorten, die nicht auf Getreidebasis hergestellt sind, beispielsweise Soba-Nudeln aus Buchweizen, Glasnudeln auf Basis von Mungbohnenstärke oder Shirataki-Nudeln aus der Konjakwurzel.

Praktisch, wenn du dich vegan ernähren möchtest: Pasta aus Hülsenfrüchten, zum Beispiel aus Linsen, Erbsen oder Kichererbsen. Sie liefern deutlich mehr (Pflanzen-)Protein als Nudeln aus Weizen und dazu noch reichlich Ballaststoffe. Gut zu wissen: Hülsenfrüchtepasta wird beim Kochen schnell weich und saugt nicht so gut Sauce auf.

MIT EI ODER OHNE?

Neben den klassischen Nudelsorten auf Basis von Hartweizengrieß sind in einigen europäischen Ländern wie Deutschland oder auch in China Eiernudeln weit verbreitet. Pasta aus Hartweizengrieß lässt sich ohne zusätzliches Bindemittel herstellen. Denn Hartweizen zeichnet sich durch einen hohen Eiweißanteil (Gluten) aus, der sich hervorragend zum Binden eignet.

Für Eiernudeln nimmt man häufig Weichweizengrieß oder andere Mehle, die einen deutlich geringeren Eiweißanteil aufweisen. Die hinzugefügten Eier helfen in diesem Fall als Bindemittel und sorgen gleichzeitig für den charakteristischen Geschmack von Eiernudeln. In Süddeutschland sind Spätzle ein gutes Beispiel für Eiernudeln – du kannst sie aber auch vegan herstellen, indem du im Teig etwas Kichererbsenmehl und Kala Namak als Ei-Ersatz nimmst.

FORM UND LÄNGE SIND ENTSCHEIDEND

Eine strenge Einteilung der unterschiedlichen Nudelsorten existiert nicht. Es gibt aber verschiedene Merkmale, die vielen Sorten eigen sind – vor allem in Hinblick auf Form, Größe und Verwendung zum Kochen. Je nachdem serviert man die Nudelsorten auch mit verschiedenen Begleitern: Allgemein kannst du dir merken, dass umso dickflüssiger und »schwerer« die Sauce ist, die Nudeln umso dicker sein sollten, damit die Sauce an den Nudeln schön hängen bleiben kann.

So passen dünne, lange Nudeln gut zu Pesto oder leichten Saucen, breite Bandnudeln wie Fettuccine eher zu Ragouts oder dicken Sahnesauce. Gedrehte Nudeln wie Fusilli oder gerillte kurze Nudeln wie Penne weisen eine große Oberfläche auf und können damit viel Sauce oder Pesto aufnehmen – ideal für Salate. Jede Nudelsorte hat ihre besonderen Eigenschaften und lässt sich vielseitig einsetzen. Im Zweifel hörst du aber auf dein Bauchgefühl und benutzt die Nudel, die du am liebsten magst. Damit machst du nie etwas falsch!

Klugscheißerwissen

Vielleicht hast du schon mal gehört, dass man Nudeln nach dem Abgießen in einem Sieb mit kaltem Wasser abschreckt oder mit Butter oder Öl mischt, um zu verhindern, dass sie zusammenkleben. Beim Garen bildet sich um die Nudeln eine Schicht aus Hartweizenstärke, die unter anderem dafür sorgt, dass die Sauce später besser an den Nudeln haften bleibt, und hilft, den Eigengeschmack der Nudel zu erhalten. Durch das Abbrausen mit Wasser geht diese Schutzschicht verloren, die Nudeln verlieren schneller ihren Geschmack und binden die Sauce weniger. Mein Tipp: Nudeln nach dem Abgießen nur kurz abtropfen lassen und direkt mit der Sauce mischen, aber nicht abbrausen. Va bene!

SO KOCHST DU NUDELN RICHTIG

- Pro 100 g Nudeln mindestens 1 Liter Wasser in einen großen Topf geben.
- Nudeln benötigen im Topf ausreichend Platz zum Schwimmen – das heißt, der Topf sollte nicht nur genügend Wasser fassen, sondern auch nicht zu schmal sein.
- Auf 1 Liter Wasser ca. 10 g Salz nehmen (ca. 1 gestr. EL Salz pro 1 l).

Nudelsalat mit veganer Mayonnaise

Für 4 Personen • 35 Min. Zubereitung

350 g Nudeln (z. B. Fusilli)
Salz
150 g Erbsen (TK oder aus dem Glas)
1 rote Paprika
1 rote Zwiebel
1 Dose Mais (ca. 240 g Abtropfgewicht)
150 g Kirschtomaten
1 Glas Essiggurken (ca. 350 g Abtropfgewicht; samt Einlegewasser)
100 g Sonnenblumenkerne
100–150 g vegane Mayonnaise (selbst gemacht, s. S. 24, oder gekauft)
Saft von ½ Zitrone
Pfeffer
etwas gehackte Petersilie oder Dill zum Garnieren

1. Die Nudeln nach Packungsanweisung in Salzwasser bissfest garen und in einem Sieb abtropfen lassen. TK-Erbsen rechtzeitig auftauen lassen, Dosenware in einem Sieb abtropfen lassen.

2. Die Paprika waschen, halbieren, weiße Trennwände und Kerne entfernen, die Hälften in kleine Stücke schneiden. Die Zwiebel schälen und fein würfeln. Den Mais in einem Sieb abbrausen und abtropfen lassen. Die Kirschtomaten waschen und je nach Größe halbieren oder vierteln. Die Gurken abtropfen lassen, dabei 2–4 EL Einlegewasser auffangen und beiseitestellen, die Gurken würfeln.

3. Die Sonnenblumenkerne in einer Pfanne ohne Fett anrösten, bis sie etwas Farbe annehmen. Herausnehmen und abkühlen lassen.

4. Alle Zutaten in einer Salatschüssel gut mischen und so viel Mayonnaise, Gurkenwasser und Zitronensaft unterheben, dass alle Zutaten gut vom Dressing überzogen sind. Den Salat mit Salz und Pfeffer abschmecken und mit Petersilie oder Dill garnieren.

Tipp **Je nach Nudelsorte kannst du die Feuchtigkeit des Salats ganz einfach mit der Menge an Mayonnaise und Gurkenwasser deiner persönlichen Vorliebe anpassen. Der Nudelsalat schmeckt besonders gut, wenn er eine Nacht durchziehen konnte.**

Vegane Spaghetti Carbonara

Für 4 Personen • 35 Min. Zubereitung

250 g Shiitake (Pilze, s. Tipp)
2 EL Raps- oder Sonnenblumenöl
1 ½ TL Ahornsirup
1 TL geräuchertes Paprikapulver
Salz
400 g Nudeln (z. B. Spaghetti oder Linguine)
1 große Zwiebel
250 g Sojacreme
50 ml Gemüsebrühe
½ TL gemahlene Kurkuma
2 ½ EL Hefeflocken
Kala Namak (Schwefelsalz)
Pfeffer
Saft von ½ Zitrone
½ Bund Petersilie

1. Die Shiitake putzen, bei Bedarf mit einem Tuch abreiben und in kleine Würfel schneiden. In einer kleinen Schüssel mit 1 EL Öl, Ahornsirup, Rauchpaprika und 1 Prise Salz mischen. In einer Pfanne 1 TL Öl erhitzen und die Shiitake darin rundum gut anbraten. Der Pilz verliert zunächst etwas Wasser und beginnt dann nach und nach knusprig zu werden. Das dauert ca. 10 Min. (Probiere zwischendurch und finde heraus, wie es dir am besten schmeckt.) Die Pilze aus der Pfanne nehmen und beiseitestellen.

2. Inzwischen die Nudeln nach Packungsanweisung in Salzwasser bissfest garen, in einem Sieb abtropfen lassen. Dabei etwas Nudelkochwasser auffangen.

3. Die Zwiebel schälen und fein würfeln. In der Pfanne das übrige Öl erhitzen und die Zwiebel darin kurz andünsten. Anschließend mit Sojacreme und Brühe ablöschen, alles einmal aufkochen und die Hitze reduzieren. Kurkuma, Hefeflocken, 1 Prise Kala Namak, Salz, Pfeffer und die beiseitegestellten Pilze hinzufügen.

4. Zuletzt den Zitronensaft einrühren und alles kräftig abschmecken. Den typischen Ei-Geschmack mit der Menge Kala Namak steuern. Falls die Sauce zu dickflüssig ist, kann das an der Sojacreme liegen – dann noch etwas Nudelkochwasser hinzufügen.

5. Zum Servieren die Petersilie waschen, trocken tupfen, die Blätter abzupfen und fein hacken. Die Nudeln nach dem Abgießen in die Pfanne geben und alles gut mischen. Auf tiefe Teller verteilen und mit Petersilie garnieren.

Tipp **Solltest du keine Shiitake bekommen, kannst du alternativ auch Räuchertofu verwenden: Einfach in kleine Würfel schneiden, scharf anbraten und gut würzen. Wenn du magst, kannst du ein paar der Pilze beiseitestellen und beim Anrichten mit über die Nudeln geben.**

Lasagne

Für 6 Personen • 45 Min. Zubereitung • 50 Min. Backen

100 g feine Sojaschnetzel (oder Sonnenblumenhack)
4 EL Sojasauce
5 EL Tomatenmark
300–350 ml Gemüsebrühe
1 Zwiebel
3 Knoblauchzehen
1 getr. rote Chilischote
2 Möhren
1 Zucchini
2 Stangen Staudensellerie
4 braune Champignons
Öl zum Braten
1 Dose stückige Tomaten (ca. 400 g)
Salz, Pfeffer
1 TL getr. Oregano
1 TL getr. Basilikum
½ TL getr. Thymian
ca. 300 g Lasagneplatten

Für die Béchamel
25 g Margarine
25 g Mehl
250 ml Sojadrink (ungesüßt)
Salz, Pfeffer
frisch geriebene Muskatnuss
Saft von ½ Zitrone
2 EL Hefeflocken

1. Die Sojaschnetzel in einer Schüssel mit 2 EL Sojasauce, 1 EL Tomatenmark und 150 ml Brühe gut mischen und ca. 10 Min. quellen lassen, dabei und ab und zu umrühren. Inzwischen Zwiebel und Knoblauch schälen und wie die Chili fein würfeln. Möhren schälen, Zucchini und Sellerie putzen und waschen, alles klein würfeln. Pilze putzen, bei Bedarf mit einem Tuch abreiben und klein schneiden.

2. In einem großen Topf etwas Öl erhitzen und Zwiebel, Knoblauch und Chili darin 2–3 Min. andünsten. Den Sojaschnetzel-Mix hinzufügen und so lange unter Rühren anbraten, bis er beginnt, Farbe anzunehmen. Übriges Tomatenmark dazugeben und 1–2 Min. mitrösten. Tomatenstücke und restliche Brühe, übrige Sojasauce, Gemüse und Gewürze hinzufügen und alles offen ca. 15 Min. leise köcheln lassen. Das Gemüse sollte danach gar und die Sauce leicht angedickt sein. Kräftig abschmecken.

3. Inzwischen für die Béchamel in einem kleinen Topf die Margarine zerlassen und das Mehl nach und nach einrühren, bis sich eine zähflüssige Masse gebildet hat. Den Sojadrink dazugeben und alles unter Rühren aufkochen. Sobald eine cremige, dickflüssige Masse entstanden ist, vom Herd nehmen und mit Salz, Pfeffer, 1 Prise Muskatnuss, Zitronensaft und Hefeflocken abschmecken.

4. Den Backofen auf 180° vorheizen. Die Lasagne schichten: Dafür in einer Auflaufform abwechselnd Lasagneplatten und Füllung übereinanderschichten. Zuletzt die Béchamelsauce gleichmäßig darüber verteilen und die Lasagne im Ofen (Mitte) 45–50 Min. backen. (Darauf achten, dass die Lasagne oben nicht verbrennt – falls nötig mit Alufolie oder einem Deckel abdecken!) Herausnehmen und sofort servieren.

Tipp **Falls die Lasagne zu viel ist und etwas übrig bleibt, kannst du sie ohne Probleme einfrieren und später essen.**

Nudeln mit Brokkolicreme

Für 4 Personen • 30 Min. Zubereitung

600 g Brokkoli
Salz
50 g Mandelstifte
100 g getr. Tomaten (in Öl eingelegt)
3 Knoblauchzehen
1 getr. rote Chilischote
3 EL Olivenöl
320 g Nudeln (z. B. Fusilli)
Pfeffer
Saft von ½ Zitrone

1. Den Brokkoli putzen, waschen und in Röschen teilen. Den Brokkoli in einem Topf in kochendem Salzwasser ca. 2 Min. blanchieren, in ein Sieb abgießen und kalt abschrecken, abtropfen lassen. (Wenn du den Brokkoli mit einem Schaumlöffel entnimmst, kannst du das Wasser noch zum Kochen der Nudeln nutzen.)

2. In einer kleinen Pfanne ohne Fett die Mandelstifte rösten, bis sie beginnen Farbe anzunehmen und gut duften. Herausnehmen und abkühlen lassen. Die eingelegten Tomaten in mundgerechte Stücke schneiden.

3. Die Knoblauchzehen schälen und wie die Chilischote fein würfeln. In einer kleinen Pfanne ½ EL Öl erhitzen und Knoblauch und Chili darin 2–3 Min. andünsten, dann vom Herd nehmen.

4. Inzwischen die Nudeln nach Packungsanweisung in Salzwasser bissfest garen, in einem Sieb abtropfen.

5. Brokkoli, Knoblauch-Chili-Mix und restliches Olivenöl in einem hohen Rührbecher mit dem Pürierstab zu einer glatten Creme mixen. Falls sie zu trocken und bröselig ist, noch etwas Wasser oder das Öl der eingelegten Tomaten hinzufügen. Die Creme mit Salz, Pfeffer und Zitronensaft abschmecken.

6. Zum Servieren die Nudeln mit der Brokkolicreme mischen und auf tiefe Teller verteilen, mit getrockneten Tomaten und Mandelstiften garnieren.

Variante **Statt des Brokkoli kannst du das Rezept auch super mit 300 g Zucchini zubereiten. Diese waschen, in Stifte schneiden, mit Knoblauch und Chili andünsten und dann pürieren. Anstelle von Mandeln passen genauso Pinienkerne.**

Getreide – kleine Körner mit großartigem Inhalt

Getreide nennt man botanisch die einjährigen Pflanzen der Süßgräser. Getreide sowie Produkte daraus zählen zu den wichtigsten Grundnahrungsmitteln weltweit und werden vom Menschen bereits seit mehr als 10 000 Jahren kultiviert. Mengenmäßig ist das »Grain« bei der veganen Ernährung der wichtigste Proteinlieferant.

Je nach Region und vor allem auch klimatischen Rahmenbedingungen werden viele unterschiedliche Sorten angebaut. Zu den bekanntesten Getreidegattungen zählen Weizen, Emmer, Dinkel, Roggen, Gerste, aber auch Reis, Mais, Hirse und Hafer. In Europa weniger verbreitet sind zum Beispiel Sorghum, Perlhirse, Fingerhirse, Teff oder Foniohirse, die in vielen Ländern der Welt jedoch ein Grundnahrungsmittel darstellen.

DAS KORN MACHT'S

Gemein ist vielen dieser Sorten bzw. Gattungen ein ähnlicher Ablauf in Bezug auf Aussaat, Ernte und Verarbeitung. Als Grundnahrungsmittel werden die Getreidekörner genutzt, die man zum Verzehr typischerweise erst dreschen muss. Dadurch wird die geerntete Pflanze von den Früchten getrennt. Für die meisten Mehlsorten wird die Schale durch Mahlen oder Schleifen entfernt und aus dem Getreide ein Mehl produziert. Vollkornmehle werden,

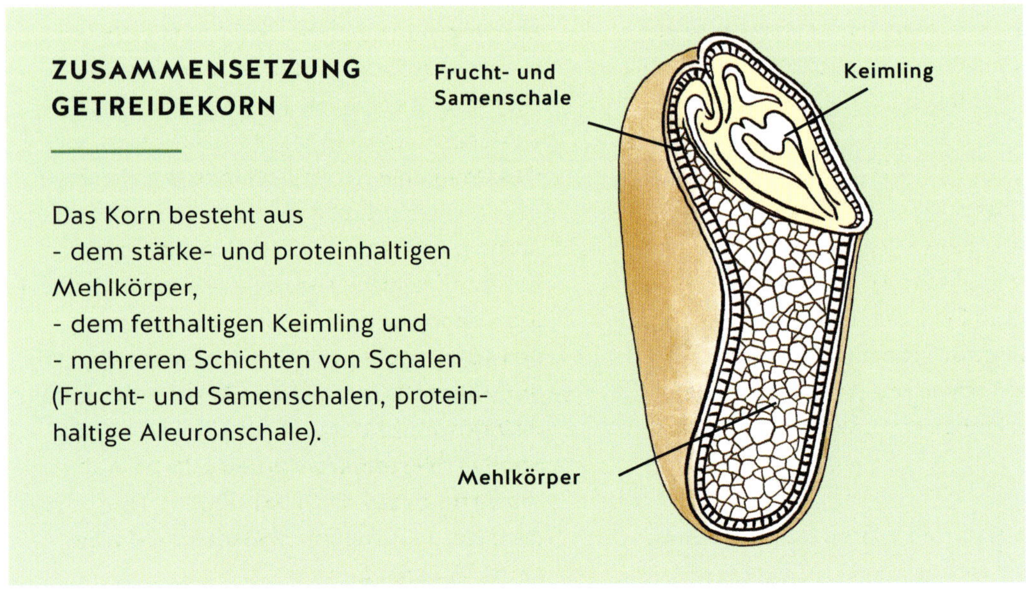

wie der Name bereits verrät, aus dem »vollen« Korn gemahlen. Hier wird die Schale also mit verarbeitet und das Mehl enthält noch alle Bestandteile, auch den Keimling.

INHALTSSTOFFE

Der Hauptanteil des Getreidekorns besteht aus der Stärke des Mehlkörpers. Viele Getreidesorten sind reich an Proteinen, die sich vor allem im Mehlkörper befinden. Dazu zählen speziell Weizen, Dinkel, Hafer oder Hirse. Je stärker das Mehl bzw. die Körner verarbeitet werden, umso weniger Eiweiß verbleibt im Mehl. Sehr eiweißhaltige Getreidesorten sind in vielen Ländern entscheidende Grundnahrungsmittel sowie günstige, haltbare und leicht zu verwendende Proteinquellen. Getreide liefert daneben wenig, aber hochwertiges Fett. Vor allem Vollkornprodukte enthalten noch nennenswerte Mengen an Mineral- und Ballaststoffen sowie B-Vitaminen und sekundären Pflanzenstoffen.

PSEUDOGETREIDE

Es gibt viele Pflanzen, die ganz ähnlich verwendet und angebaut werden wie die genannten Süßgräser, aber rein botanisch kein Getreide sind. Diese werden aufgrund ihrer ähnlichen Verwendung auch Pseudogetreide genannt. Dazu zählen vor allem Quinoa, Buchweizen, Amarant und viele weitere, die in Europa kaum verwendet werden.

REIS

Reis ist neben Mais und Weizen eines der Hauptnahrungsmittel weltweit und wird bereits seit vielen Jahrtausenden angebaut. Man unterscheidet dabei vor allem die beiden Unterarten klebriger Rundkornreis (Klebreis) und nicht klebriger Langkornreis wie Basmatireis. Neben der Form unterscheiden sich die Sorten vor allem durch ihren Stärkegehalt. So kleben die Körner von Rundkornreis dank seines hohen Stärkeanteils nach dem Garen aneinander. Klebreist ist daher ideal für die Zubereitung von Sushi, Reisklößchen oder Risotto. Auch in Sachen Nährstoffen ist Reis nicht zu unterschätzen: Er enthält neben Kohlenhydraten etwas Eiweiß sowie die Nährstoffe Zink, Eisen, Magnesium und Vitamin E.

Klugscheißerwissen

Die Bezeichnung von Mehl wie »Weizenmehl Type 550« gibt den sogenannten Mehltypen an. Dieser ist ein Maß für den Mineralstoffgehalt im Mehl. Zur Ermittlung desselbigen wird das Mehl in einem Ofen bei ca. 900° verbrannt, sodass nur noch die nicht verbrannten Mineralstoffe übrig bleiben – aus dieser Art von Asche ermittelt man dann die Mineralstoffmenge in mg pro 100 g Mehl. Je heller ein Mehl ist, umso geringer fällt sein Mineralstoffgehalt aus und desto niedriger ist die Type (z. B. das »helle« Weizenmehl Type 450). Je höher die Zahl, desto mehr Mineralstoffe sind aus dem Korn enthalten. Vollkornmehl trägt keine Typenzahl.

Rote-Bete-Risotto

Für 4 Personen • 45 Min. Zubereitung

3 Schalotten
2 Knoblauchzehen
750 g Rote Bete
2 EL Margarine
250 g Risotto-Reis
1 Schuss veganer Weißwein
800–900 ml Gemüsebrühe
Salz, Pfeffer
2 EL Hefeflocken
Saft von ½ Zitrone
1 Handvoll Petersilienblätter
75 g vegane Feta-Alternative (nach Belieben)

1. Schalotten und Knoblauch schälen und fein würfeln. Die Rote Bete putzen, schälen und in mundgerechte Stücke schneiden (Achtung, sie färbt stark ab!). In einem Topf die Margarine zerlassen und Schalotten und Knoblauch darin ca. 2 Min. andünsten. Den Risotto-Reis hinzufügen und 2–3 Min. unter Rühren mitdünsten, anschließend mit Wein ablöschen.

2. Sobald der Wein eingekocht ist, die Rote Bete hinzufügen und 1 Schuss Brühe dazugießen. Das Risotto offen bei kleiner Hitze in 15–20 Min. bissfest garen, dabei immer wieder umrühren und etwas Brühe nachgießen, sobald sie eingekocht ist. Zwischendurch probieren. Das Risotto mit Salz, Pfeffer, Hefeflocken und etwas Zitronensaft kräftig abschmecken.

3. Zum Servieren die Petersilie waschen, trocken tupfen und grob hacken. Den Feta grob zerbröseln und einen Teil nach Belieben vor dem Servieren unter das Risotto rühren. Das Risotto auf tiefen Tellern anrichten und mit Petersilie und dem restlichen Feta nach Belieben garnieren.

Tipp **Risotto-Reis zeichnet sich durch einen hohen Stärkeanteil aus. Durch das regelmäßige Umrühren reiben die Reiskörner aneinander und die Stärke tritt aus dem Korn aus. Dadurch wird das Risotto so cremig und »schlotzig«.**

Variante **Du kannst das Risotto alternativ auch mit der gleichen Menge Kürbis statt Roter Bete zubereiten. Dazu den Kürbis in grobe Stücke schneiden und mit etwas Öl im auf 200° vorgeheizten Ofen ca. 15 Min. garen. Anschließend pürieren oder stampfen und im Risotto nur noch ca. 10 Min. mitgaren. Auch karamellisierte Walnüsse passen hervorragend zum Rote-Bete-Risotto.**

Bratreis mit buntem Gemüse

Für 4 Personen • 35 Min. Zubereitung

300 g Langkornreis
200 g Tofu
1 Stück Ingwer (ca. 2 cm lang)
1 Knoblauchzehe
1 EL Sesamöl (oder Rapsöl)
3 Frühlingszwiebeln
1 rote Paprika
1 gelbe Paprika
1 Glas Baby-Maiskolben
(ca. 200 g Abtropfgewicht)
2 Möhren
60 g Sonnenblumenkerne
Öl zum Braten
150 g TK-Erbsen
100 ml Gemüsebrühe
2 TL Sambal Oelek
4 EL Sojasauce
Salz, Pfeffer

1. Den Reis nach Packungsanweisung garen, in ein Sieb abgießen und abtropfen lassen. Zum Auskühlen offen stehen lassen.

2. Währenddessen den Tofu längs halbieren und die Hälften jeweils quer in ca. 3 mm dünne Streifen schneiden. Ingwer und Knoblauch schälen und fein würfeln. In einer Pfanne das Öl erhitzen und den Tofu darin auf jeder Seite anbraten, bis er beginnt, Farbe anzunehmen – das dauert pro Seite 3–4 Min. Dabei in den letzten 2 Min. Ingwer und Knoblauch dazugeben und mitdünsten. Alles aus der Pfanne nehmen und beiseitestellen.

3. Inzwischen Frühlingszwiebeln putzen, waschen und weiße und grüne Teile separat in dünne Ringe schneiden. Paprika waschen, halbieren, weiße Trennwände und Kerne entfernen, die Hälften in sehr dünne Streifen schneiden. Die Baby-Maiskolben abtropfen lassen und in mundgerechte Stücke teilen. Die Möhren schälen und auf der Gemüsereibe grob raspeln.

4. Die Sonnenblumenkerne in einer kleinen Pfanne ohne Fett anrösten, bis sie beginnen zu duften und Farbe angenommen haben. Herausnehmen und abkühlen lassen.

5. Etwas Öl im Wok erhitzen und den Reis mit dem Weiß der Frühlingszwiebeln darin 2–3 Min. anbraten. Paprika, Baby-Maiskolben, Möhren und TK-Erbsen unterheben, alles gut mischen und noch 2–3 Min. braten. Dann Brühe, Sambal Oelek, Sojasauce, Salz, Pfeffer, das Grün der Frühlingszwiebeln, Sonnenblumenkerne und Tofu mit in den Wok geben. Alles gut mischen und nochmals kräftig abschmecken. Zum Servieren auf Tellern anrichten.

Tipp **Das Gericht ist ideal zum Meal-Preppen: Nach dem Kochen kannst du es einfach in passende Dosen füllen und im Kühlschrank mehrere Tage lagern. Dann nur kurz in Pfanne oder Mikrowelle erhitzen!**

Buchweizensalat mit Ofengemüse

Für 4 Personen • 40 Min. Zubereitung • 20 Min. Backen

½ Blumenkohl
500 g Süßkartoffeln
100 g frische Cranberrys (oder 50 g getrocknete)
300 g Hokkaido-Kürbis (ca. ½ kleiner Kürbis)
1 Dose Kichererbsen (ca. 240 g Abtropfgewicht)
2 EL Olivenöl
150 g Buchweizen
1 Avocado
75 g Blattspinat
1 Handvoll Kürbiskerne

Für das Dressing
1 Knoblauchzehe
50 ml Olivenöl
1 EL Aceto balsamico
1 TL Senf
1 EL Tahin (Sesampaste)
Salz, Pfeffer
1 EL Ahornsirup
Saft von ½ Zitrone

1. Den Backofen auf 200° vorheizen. Ein Backblech mit Backpapier belegen. Blumenkohl putzen, waschen und in mundgerechte Stücke schneiden, dabei den Strunk entfernen. Süßkartoffeln schälen und in kleine Würfel schneiden (etwas kleiner als die Blumenkohlstücke). Frische Cranberrys verlesen, waschen und trocken tupfen. Kürbis gründlich waschen, die Kerne entfernen, das Fruchtfleisch in Stücke schneiden (etwa so groß wie die Süßkartoffeln). Kichererbsen in einem Sieb abbrausen und abtropfen lassen.

2. In einer Schüssel Blumenkohl, Süßkartoffeln, Cranberrys, Kürbis, Kichererbsen und Olivenöl mischen. Den Mix auf dem Blech verteilen und im Ofen (Mitte) 15–20 Min. backen. Dabei zwischendurch einmal probieren und beim gewünschten Garpunkt aus dem Ofen nehmen.

3. Inzwischen den Buchweizen in einem Sieb gründlich abbrausen und in einem Topf mit der doppelten Menge Wasser (ca. 300 ml) nach Packungsanweisung aufsetzen. Alles aufkochen, dann zugedeckt bei kleiner Hitze ca. 15 Min. leise köcheln lassen.

4. Für das Dressing den Knoblauch schälen und mit den übrigen Zutaten in einen hohen Rührbecher geben. Alles mit dem Pürierstab zu einer homogenen Masse pürieren. Mit Salz, Pfeffer, Ahornsirup und Zitronensaft abschmecken.

5. Zum Servieren die Avocado schälen, halbieren, entkernen und würfeln. Den Spinat verlesen, waschen und trocken schleudern, dabei grobe Stiele entfernen. Den Buchweizen mit dem Ofengemüse mischen und mit Dressing, Avocado, Spinat und Kürbiskernen auf Tellern anrichten.

Variante **Falls du Buchweizen nicht magst, kannst du auch Quinoa oder Hirse verwenden. Einfach je ca. 150 g nach Packungsanweisung garen und wie beschrieben anrichten.**

Kokos-Milchreis mit Zimtäpfeln

Für 4 Personen • 35 Min. Zubereitung

200 g Milchreis (Rundkornreis)
1 l Reis-Kokos-Drink (s. Tipp)
1 Stück Ingwer (ca. 1 cm lang)
2 EL Ahornsirup (nach Belieben)
50 g Kokosraspel
1 EL natives Kokosöl
80 g Zucker
3 säuerliche Äpfel
1 TL Zimtpulver

1. In einem Topf den Milchreis mit Pflanzendrink und Ingwer aufkochen. Dann die Hitze reduzieren und den Reis zugedeckt bei kleiner Hitze in ca. 20 Min. weich köcheln lassen. Dabei regelmäßig umrühren. Je nachdem, wie süß der verwendete Pflanzendrink ist, mit bis zu 2 EL Ahornsirup nachsüßen. Danach vom Herd nehmen und beiseitestellen (Achtung, er dickt schnell an, auf ausreichend Flüssigkeit achten!).

2. Inzwischen die Kokosraspel in einer kleinen Pfanne mit ½ EL Kokosöl und 2 EL Zucker erhitzen und unter Rühren so lange rösten, bis die Kokosraspel beginnen Farbe anzunehmen. Vom Herd nehmen und abkühlen lassen.

3. Die Äpfel waschen, vierteln und entkernen. Die Apfelviertel in kleine Stücke schneiden und in einer kleinen Pfanne im übrigen Kokosöl 2–3 Min. anbraten. Den restlichen (50 g) Zucker hinzufügen und die Äpfel so lange karamellisieren, bis sie gleichmäßig vom Karamell überzogen sind. Zuletzt mit Zimt würzen, die Pfanne vom Herd nehmen.

4. Zum Servieren den Milchreis noch warm mit den Zimtäpfeln und Kokosraspeln in kleinen Schalen anrichten. Alternativ den Milchreis auf kleine Tassen verteilen und auf die Teller stürzen.

Variante

Der Milchreis schmeckt genauso mit Apfelmus und Zimt – das ist der Klassiker schlechthin. Du kannst den Milchreis auch hervorragend mit Mandel- oder Haferdrink zubereiten. Falls du keinen Reis-Kokos-Drink findest, kannst du einfach 400 ml Kokosdrink verwenden und diesen mit Reisdrink (oder auch Hafer-, Mandel- oder Sojadrink) auf 1 l auffüllen.

Kartoffeln & Süßkartoffeln – eine gute Basis

Auch wenn die Kartoffel nicht immer den besten Ruf genossen hat, ist sie seit vielen Jahrtausenden vor allem in Südamerika ein Grundnahrungsmittel. In den letzten Jahrzehnten erfreut sie sich auch als verarbeitetes Genussmittel (z. B. Pommes, Chips, Kroketten) großer Beliebtheit. Dabei vergisst man schnell, dass es mehr als 7000 (!) Kartoffelsorten gibt und jährlich neue Sorten gezüchtet und entwickelt werden. Um bei der Auswahl einen Überblick zu behalten, unterscheidet man Kartoffeln nach ihren Kocheigenschaften.

VON FEST- BIS MEHLIGKOCHEND

In Deutschland angebotene Kartoffeln müssen in eine der vier Kategorien mehlig-, festkochende, vorwiegend festkochende oder »übrige« Kochtypen eingeteilt werden. Damit werden vor allem die Kocheigenschaften bezeichnet, also das Verhalten der Kartoffel beim Kochen. Die Unterschiede ergeben sich vor allem durch den unterschiedlichen Stärkegehalt der Kartoffelsorte. Je mehr Stärke enthalten ist, umso weicher wird die Kartoffel beim Kochen. Sorten mit wenig Stärke werden als festkochend bezeichnet und zeichnen sich durch ihre (biss-)feste Konsistenz aus. Durch den Stärkegehalt werden auch viele Koch- und Backeigenschaften stark beeinflusst. So werden zum Beispiel für Suppe oder Püree mehligkochende (viel Stärke) Sorten genutzt, für knusprige Bratkartoffeln oder Kartoffelsalat dagegen festkochende (wenig Stärke). Daneben gibt es noch die Einteilung der Kartoffeln nach ihrer Reifezeit: (sehr) frühe, mittelfrühe, mittelspäte und späte Sorten.

DAS STECKT IN DER KNOLLE

Kartoffeln bestehen vor allem aus Wasser und Kohlenhydraten – und sind damit kalorienarm. Ihr Eiweißanteil ist nicht besonders hoch, die in Kartoffeln enthaltene Eiweißzusammensetzung besitzt jedoch eine sehr hohe biologische Wertigkeit (s. S. 65). Darüber hinaus sind Kartoffeln reich an Vitamin C, Vitamin B1 und B6 sowie den Mineralstoffen Magnesium, Kalium und Eisen. Das meiste holst du aus Kartoffeln heraus, wenn du sie mit Schale als Pellkartoffeln garst und nicht stark verarbeitest.

SO LAGERST DU KARTOFFELN

Generell solltest du Kartoffeln, so wie alle anderen frischen und reifen Obst- und Gemüsesorten, zügig aufbrauchen. Kartoffeln am besten kühl und luftig lagern. Das funktioniert besonders gut in einem unbeheizten Keller oder einer kühlen Vorratskammer. Ziel ist es, dass die Knollen nicht beginnen zu keimen – sonst bildet sich das giftige Solanin. Wichtig: Lagere Kartoffeln und Äpfel nicht nebeneinander. Äpfel bilden Ethylen, ein Reifegas, das unter anderem bei Kartoffeln einen beschleunigten Reifeprozess zur Folge hat.

SÜSSKARTOFFELN

Ebenfalls eine Wurzelknolle ist die Süßkartoffel, die inzwischen auch in unseren Küchen ihren festen Platz hat. Ursprünglich kommt die Pflanze aus den (Sub-)Tropen, weshalb sie in unseren Breiten nicht einfach anzubauen ist. Süßkartoffeln schmecken – wie der Name sagt – leicht süßlich, sie ent-

halten mehr Kohlenhydrate als Kartoffeln, der Glyx ist bei gekochten Süßkartoffeln aber niedriger als der von Kartoffeln. Mit den Kartoffeln verbindet sie ihre vielfältige Einsatzmöglichkeit in der Küche. In einer Hinsicht toppt sie die Kartoffel sogar: Man kann Süßkartoffeln nämlich roh essen, beispielsweise als geraspelte Rohkost im Salat.

VON WEISS ÜBER GELB BIS LILA

Die Süßkartoffeln sind im Vergleich zu Kartoffeln deutlich süßer und enthalten viel Beta-Carotin. Dieses wird auch als Provitamin A bezeichnet, da es dem Körper als Vorstufe für Vitamin A dient. Quellen für Beta-Carotin sind vor allem Möhren, Kürbis oder Paprika. Auch als Farbstoff in Lebensmitteln wird Beta-Carotin gerne eingesetzt, da es sich durch eine tolle gelb-orange Färbung auszeichnet. Das ist unter anderem auch der Grund, warum Süßkartoffeln im Vergleich zu Kartoffeln orange aussehen. Es gibt aber auch weiße oder violette Süßkartoffeln. Ebenso wie lila Kartoffeln (z. B. Vitelotte) enthalten letztere den natürlichen Farbstoff Anthocyan, der auch bei Brombeeren für die bläulich-lila Farbe verantwortlich ist.

Klugscheißerwissen

Egal ob Agata, Linda, Annabel, Nicola oder Gala – viele Kartoffelsorten tragen Frauennamen. Vor mehr als 100 Jahren begannen Menschen in Deutschland, verstärkt Kartoffeln zu züchten. Um die Sorten zu unterscheiden, griffen sie dabei auf weibliche Namen aus der Familie, zum Beispiel die der Töchter oder Frauen, zurück. Dass es auch Kartoffelsorten namens Albatros oder Kolibri gibt, liegt an der Vielzahl der Sorten. Irgendwann waren die weiblichen Vornamen aufgebraucht.

Süßkartoffel-Kokos-Suppe

Für 4 Personen • 40 Min. Zubereitung • 30 Min. Backen

1 kg Süßkartoffeln
300 g mehligkochende Kartoffeln
1 Zwiebel
1 Knoblauchzehe
1 getr. rote Chilischote
Salz, Pfeffer
2 EL Olivenöl
½ TL getr. Thymian
½ TL getr. Oregano
250 g Kokosmilch
750 ml Gemüsebrühe
2 Bio-Limetten

1. Den Backofen auf 200° vorheizen. Ein Backblech mit Backpapier belegen. Die Süßkartoffeln und Kartoffeln schälen und in ca. 1 cm große Würfel schneiden. Zwiebel und Knoblauch schälen und samt Chilischote separat fein würfeln.

2. Je 75 g Süßkartoffel- und Kartoffelwürfel in einer Schüssel mit Salz, Pfeffer, 1 EL Olivenöl, Thymian und Oregano gut mischen. Auf dem Blech oder in einer kleinen Auflaufform verteilen und im Ofen (Mitte) 20–30 Min. backen, bis die Kartoffeln weich und gut geröstet sind. Wie lange es dauert, hängt vor allem von der Größe der Kartoffelstücke ab – einfach zwischendurch probieren.

3. Inzwischen in einem großen Topf das übrige Olivenöl erhitzen und die Zwiebel darin glasig dünsten. Knoblauch und Chilischote hinzufügen und ca. 1 Min. mitdünsten. Die übrigen Kartoffel- und Süßkartoffelwürfel dazugeben und alles mit der Kokosmilch ablöschen. Zuletzt die Brühe unterrühren und alles zugedeckt bei kleiner Hitze 15–20 Min. leise köcheln lassen.

4. Währenddessen die Limetten heiß waschen, abtrocknen und die Zesten abziehen, dann die Limetten halbieren und auspressen. Sobald die Kartoffeln gar sind, die Suppe im Topf mit dem Pürierstab glatt pürieren. Die Suppe mit Salz, 1 Prise Pfeffer und dem Limettensaft abschmecken.

5. Zum Servieren die Kartoffelstücke aus dem Ofen nehmen. Die Suppe auf tiefe Teller oder Schalen verteilen und mit den Ofenkartoffeln und der Limettenschale garnieren.

Kartoffelsalat mit Teigstangen

Für 4 Personen • 45 Min. Zubereitung • 10 Min. Backen

Für den Salat
800 g festkochende Kartoffeln
Salz
125 g Sojacreme
75 ml Gemüsebrühe
Saft von 1 Zitrone
3 EL Öl (Raps- oder Sonnenblumenöl)
Pfeffer
1 rote Zwiebel
1 Stange Staudensellerie
½ Salatgurke
1 säuerlicher Apfel
Schnittlauchröllchen zum Garnieren

Für die Teigstangen
200 g Blätterteig (frisch oder TK)
½–1 TL heller Sesam
½–1 TL Schwarzkümmel
je ½–1 TL getr. Oregano, Thymian und Rosmarin
½–1 TL BBQ-Gewürz

1. Für den Salat die Kartoffeln waschen und in wenig Salzwasser in ca. 20 Min. weich garen, dann abgießen, ausdampfen und etwas abkühlen lassen. Anschließend pellen und in mundgerechte Stücke schneiden. Mit Sojacreme, Brühe, Zitronensaft, Öl, Salz und Pfeffer mischen und den Salat ca. 20 Min. ziehen lassen.

2. Inzwischen die Zwiebel schälen, halbieren und in sehr dünne Scheiben schneiden. Sellerie und Gurke putzen, waschen und in kleine Stücke schneiden. Apfel waschen, vierteln und entkernen. Die Apfelviertel klein würfeln. Anschließend alle Zutaten für den Salat mischen und mit Salz und Pfeffer kräftig abschmecken.

3. Für die Teigstangen TK-Blätterteig rechtzeitig antauen lassen, die Platten sollen sich gut schneiden lassen. Den Backofen auf 180° vorheizen. Ein Backblech mit Backpapier belegen. Die Teigplatten auf der Arbeitsfläche in lange, dünne Streifen (à ca. 2 × 20 cm) schneiden und nebeneinander auf das Blech legen. Mit den Gewürzen bestreuen und leicht ineinander verdrehen, dann im Ofen (Mitte) ca. 10 Min. backen. Herausnehmen und auf einem Kuchengitter abkühlen lassen.

4. Zum Servieren den Kartoffelsalat mit Schnittlauch garnieren und die Blätterteigstangen dazu reichen. Diese sollten idealerweise warm verzehrt werden, da sie beim Abkühlen schnell weich werden und ihren Biss verlieren.

Crushed Potatoes mit Pistazienpesto

Für 4 Personen • 40 Min. Zubereitung • 15 Min. Backen

Für die Kartoffeln
1 kg (vorwiegend) festkochende Kartoffeln
Salz
2 EL Olivenöl
Pfeffer

Für das Pesto
50 g Baby-Blattspinat
1 Schalotte
1 Knoblauchzehe
35 g Pistazienkerne
2 EL Olivenöl
Salz, Pfeffer
Saft von ½ Zitrone

1. Für die Kartoffeln ein Backblech mit Backpapier belegen. Die Kartoffeln waschen und in wenig Salzwasser in ca. 20 Min. weich garen, dann abgießen und ausdampfen lassen. Den Backofen auf 220° vorheizen.

2. Anschließend die Kartoffeln auf dem Blech verteilen und mit dem Kartoffelstampfer leicht andrücken (»crushen«). Dabei aufpassen, dass die Kartoffeln nicht vollständig zerquetscht werden und zerfallen. Die Kartoffeln mit Olivenöl bestreichen und mit etwas Salz und Pfeffer würzen. Dann im Ofen (oben) 10–15 Min. rösten, sodass sich eine schön gebräunte knusprige Oberfläche bildet. Herausnehmen und warm halten.

3. Inzwischen für das Pesto den Spinat verlesen, waschen und trocken tupfen. Schalotte und Knoblauch schälen. Spinat, Schalotte, Knoblauch, Pistazien und Öl in einem hohen Rührbecher mit dem Pürierstab zu einem Pesto pürieren. Je nach gewünschter Konsistenz noch ein wenig Öl oder 1 Schuss Wasser hinzufügen und das Pesto mit Salz, Pfeffer und Zitronensaft abschmecken.

4. Zum Servieren die Kartoffeln auf Tellern anrichten und mit dem Pesto beträufeln. Dazu passt ein leichter Salat.

Tipp **Wer will, serviert zu den Crushed Potatoes noch einen veganen (Kräuter-)Joghurt- oder Quarkdip. Dazu einfach etwas vegane Joghurt- oder Quarkalternative mit Salz, Pfeffer, Zitronensaft und Kräutern nach Lust und Laune mischen.**

Backen ohne Tier

Traditionell kommen in fast jedes Gebäck Eier und Butter. Backen funktioniert aber auch pflanzenbasiert. Warum es ohne Triebmittel beim Backen (fast) nicht geht, warum Hefe so besonders ist und wie dir garantiert jeder (Hefe-)Teig gelingt!

Backtriebmittel für einen lockeren Teig

Als Triebmittel beim Kochen und vor allem Backen werden Stoffe bezeichnet, die unter dem Einfluss von Feuchtigkeit und Wärme Gase entwickeln und so zum Beispiel einen Teig auflockern und dessen Volumen vergrößern. Die dabei entstehenden Gase (meist CO_2) werden im Teig eingelagert, wodurch sich kleine Gasblasen bilden. Durch den Backvorgang entsteht daraus dann die sogenannte Krume (das Innere von Backwaren) mit ihrer charakteristischen Struktur.

Triebmittel sind somit entscheidend für die Textur, den Biss, das Aussehen und den Geschmack des Backguts. Besonders eindrücklich sind die Unterschiede zwischen Teigen mit und ohne Triebmittel zum Beispiel bei Keksen und Broten zu sehen. Beide basieren auf ähnlichen Zutaten (Mehl und Wasser), liefern aber ein gänzlich unterschiedliches Ergebnis. Die verschiedenen Triebmittel lassen sich nach Art und Weise der erreichten Lockerung wie folgt unterteilen:

BIOLOGISCHE LOCKERUNG

Sie beruht auf natürlichen Gärungsprozessen. Zur biologischen Lockerung kommen vor allem Hefen sowie Milchsäurebakterien (s. S. 46) zum Einsatz. Letztere werden beim Backen vor allem bei Sauerteigen verwendet. Die Mikroorganismen verstoff-

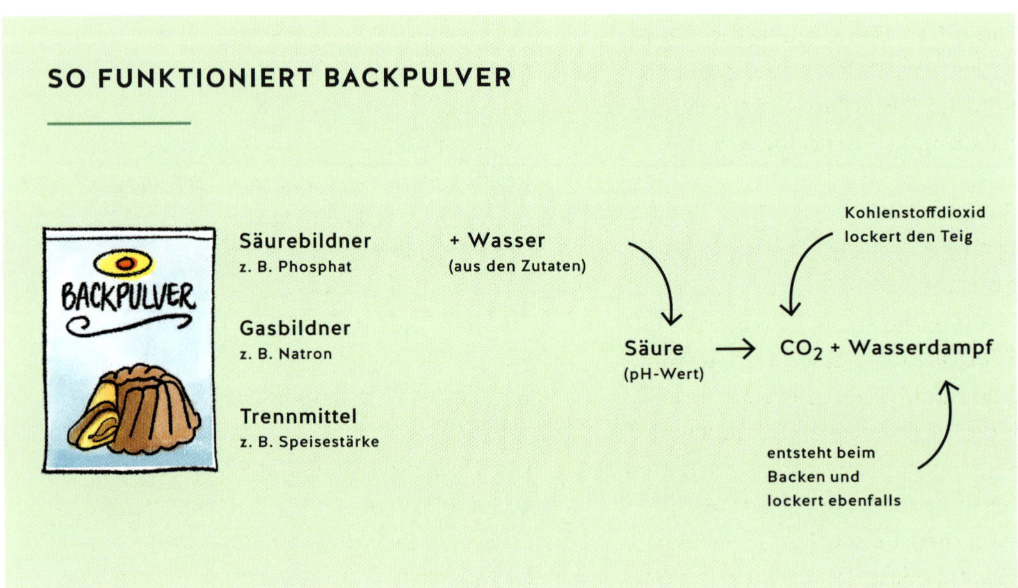

wechseln Zucker unter anderem zu Kohlenstoffdioxid und anderen Gasen. Diese sorgen im Teig dann für eine Lockerung.

Klugscheißerwissen

Sind Backpulver und Weinsteinbackpulver das Gleiche? Typischerweise besteht Backpulver aus einer Mischung aus Natriumhydrogencarbonat und einem Säuerungsmittel (s. links). Bei Weinsteinbackpulver wird dazu ein natürliches Säuerungsmittel wie Weinsäure oder Weinstein verwendet, deswegen der besondere Name. Beim normalen Backpulver handelt es sich meist um ein Säuerungsmittel mit Phosphat. Der Unterschied liegt vor allem in der natürlichen Quelle des Säuerungsmittels: Denn Weinsäure ist ein Nebenprodukt bei der Weinherstellung.

CHEMISCHE LOCKERUNG

Als chemische Triebmittel sind vor allem Backpulver (s. links), Natron, Hirschhornsalz oder Pottasche bekannt. Sie reagieren bei Zugabe zum Teig mit dem dort enthaltenen Wasser, der Säure und/oder durch Hitzezufuhr. Dabei entsteht wiederum CO_2, wodurch der Teig gelockert wird. Backpulver besteht dabei immer aus drei Komponenten: einem Säurebildner (meist Phosphate, stellen den richtigen pH-Wert her), einem Gasbildner oder Triebmittel (Natron, bildet Gas ab einem bestimmten Säuregrad) und einem Trennmittel (Speisestärke; verzögert die Freisetzung der Triebkraft).

Natron ist immer auch Bestandteil von Backpulver – separat sollte man es nur in Teigen verwenden, die saure Zutaten wie Joghurt oder Früchte enthalten. Pottasche benötigt als Partner in der Regel Honig, typisch ist es in Leb- oder Honigkuchenteigen. Hirschhornsalz muss man vorab in Flüssigkeit auflösen – es ist typisch für »Amerikaner« und Plätzchen wie Spekulatius oder Honigkuchen.

PHYSIKALISCHE LOCKERUNG

Neben den biologischen und chemischen Triebmitteln kann ein Teig auch mithilfe von physikalischen Triebmitteln gelockert werden. Darunter fallen Wasserdampf oder auch Luft. Beides ist in jedem Rezept mit biologischen und chemischen Triebmitteln ohnehin vorhanden, kann aber ganz bewusst eingesetzt werden. So wird zum Beispiel kohlensäurehaltiges Wasser zu einem Kuchenteig gegeben, es wird ganz bewusst Luft in den Teig geschlagen oder Alkohol hinzugefügt, der mit Verlauf des Backvorgangs verdampft und so den Teig lockert. Bei Biskuitmassen sorgt der steif geschlagene Eischnee für Lockerheit und Volumen.

Ein Sonderfall ist Blätterteig, dabei arbeitet man in einen Grundteig aus Mehl, Wasser und Salz mehrere Schichten Butter oder Margarine ein. Diese Fettschichten verhindern beim Backen das Entweichen des entstehenden Wasserdampfs, der allein für das Aufgehen des Teigs verantwortlich ist.

Schokomuffins

Für 1 12er-Muffinform • 20 Min. Zubereitung • 15 Min. Backen

200 g Weizenmehl (Type 550)
4 EL Kakaopulver
1 TL Backpulver
½ TL Natron
100 g Zucker
1 TL Salz
125 g Öl (z. B. Sonnenblumen- oder Rapsöl)
180 ml Haferdrink (ungesüßt)
100 g Apfelmark oder -mus
100–125 g vegane Schoko-Drops (oder gehackte vegane Zartbitterschokolade)
12 Muffin-Papierförmchen

1. Den Backofen auf 180° vorheizen. Die Mulden der Muffinform mit den Papierförmchen auslegen.

2. Die trockenen Zutaten (Mehl, Kakaopulver, Backpulver, Natron, Zucker und Salz) in einer Schüssel gut mischen. Ebenso die flüssigen Zutaten (Öl, Haferdrink und Apfelmark) in einer Rührschüssel verrühren. Den trockenen Mix zu den flüssigen Zutaten geben und alles mit einem großen Löffel oder Schneebesen zügig zu einem homogenen Teig mischen. Zuletzt die Schoko-Drops unterheben.

3. Den Teig gleichmäßig auf die Förmchen verteilen, dabei jede Form zu etwas mehr als drei Vierteln füllen. Die Muffins im Ofen (Mitte) ca. 15 Min. backen, bis sie schön aufgegangen sind.

4. Die Form aus dem Ofen nehmen und kurz auf einem Kuchengitter abkühlen lassen. Anschließend die Muffins aus der Muffinform lösen und vollständig abkühlen lassen.

Tipp **Wenn deine Muffins etwas voluminöser sein und nach »Bäckerei-Muffins« aussehen sollen, lass den Muffinteig in der Backform vor dem Backen ca. 30 Min. ruhen. Und: Du kannst statt Apfelmus auch 2 sehr reife Bananen mit einer Gabel zerdrücken und unter die flüssige Mischung rühren.**

Marmorkuchen

Für 1 Kastenform (ca. 20 cm; 10 Scheiben) • 20 Min. Zubereitung • 50 Min. Backen

250 g Weizenmehl (Type 550)
1 TL Backpulver
½ TL Natron
½ TL Salz
1 TL Zimtpulver
1 reife Banane (ca. 120 g)
125 ml veganer Pflanzendrink (ungesüßt; z. B. Hafer-, Mandel- oder Sojadrink)
150 g Zucker
2 EL Öl (z. B. Sonnenblumen- oder Rapsöl)
25 g Kakaopulver
100 g vegane Schoko-Drops (oder gehackte vegane Zartbitterschokolade)

1. Den Backofen auf 180° vorheizen. Die Kastenform mit Backpapier auslegen. Mehl, Backpulver, Natron, Salz und Zimt in einer Rührschüssel mischen. Die Banane schälen und mit einer Gabel fein zerdrücken. 5 EL (75 ml) Pflanzendrink abnehmen und beiseitestellen. Die Banane mit übrigem Pflanzendrink, Zucker und Öl zu einer homogenen Masse verrühren.

2. Die trockenen Zutaten dazugeben und gut untermischen, dabei am besten einen Schneebesen verwenden, um einen glatten Teig zu erhalten. Die Hälfte des hellen Teigs in der Form verteilen.

3. Das Kakaopulver mit den beiseitegestellten 5 EL Pflanzendrink gut mischen, sodass es sich vollständig auflöst. Zum übrigen Teig geben und gut mischen. Die dunkle Teigmasse ebenfalls in die Kastenform geben und mit einer Gabel kreisförmig unter die helle Masse heben, sodass das typische Marmorkuchen-Muster entsteht. (Noch mehr Struktur entsteht, wenn man die Teigmassen mehrfach nacheinander schichtet und dann marmoriert.)

4. Zuletzt den Kuchen mit den Schoko-Drops bestreuen und im Ofen (Mitte) ca. 50 Min. backen. Sobald der Marmorkuchen fertig ist, herausnehmen und auf einem Kuchengitter ca. 10 Min. abkühlen lassen. Dann vorsichtig aus der Form lösen und vor dem Aufschneiden vollständig abkühlen lassen. Zum Servieren in Scheiben schneiden.

Tipp **Je reifer und brauner die Banane ist, desto süßer schmeckt sie. Sollten deine Bananen schwerer oder leichter als 120 g sein, kannst du die Differenz einfach mit mehr oder weniger Pflanzendrink korrigieren.**

Macadamia-Erdnuss-Cookies

Für ca. 15 Stück • 20 Min. Zubereitung • 30 Min. Kühlen • 15 Min. Backen

50 g Margarine
100 g Zucker
1 Pck. Vanillezucker
3 EL vegane Joghurtalternative (Sojaghurt)
2 EL Erdnussmus
50 g Macadamianusskerne (gesalzen)
200 g Weizenmehl (Type 550)
½ TL Backpulver
¼ TL Natron
1 Prise Salz
50 g vegane Schoko-Drops (oder gehackte vegane Zartbitterschokolade)

1. Margarine, Zucker und Vanillezucker in eine Rührschüssel geben und mit den Rührbesen des Handrührgeräts so lange verrühren, bis eine homogene Masse entstanden ist. (Alternativ die Margarine mit einer Gabel etwas zerdrücken und anschließend mit einem Schneebesen alles gut mischen.) Sojaghurt und Erdnussmus dazugeben und gut untermischen. Dabei darauf achten, dass sich das Erdnussmus gleichmäßig verteilt und keine Klumpen bildet.

2. Die Macadamianüsse grob hacken. In einer weiteren Schüssel die trockenen Zutaten (Mehl, Backpulver, Natron, Salz) mischen und zu den flüssigen Zutaten geben. Alles zu einem homogenen Teig mischen, zuletzt die Schoko-Drops unterheben. Den Teig im Kühlschrank ca. 30 Min. kühl stellen (am besten sogar im Tiefkühlfach). Rechtzeitig den Backofen auf 180° vorheizen. Ein Backblech mit Backpapier belegen.

3. Anschließend vom Teig mit einem Esslöffel Portionen von ca. 1 EL abstechen und jede Teigportion mit den Händen zu einer kleinen Kugel formen. Auf das Blech legen und mit den Händen etwas flach andrücken. Die Cookies im Ofen (Mitte) 12–14 Min. backen. Sobald der Rand der Cookies beginnt, braun zu werden, die Kekse aus dem Ofen nehmen und auf einem Kuchengitter abkühlen lassen. So sind die Cookies noch wunderbar weich und »chewy«. Wer sie knuspriger mag, bäckt sie 1–2 Min. länger.

Variante **Statt Macadamianüssen kannst du auch gesalzene Mandeln oder Erdnüsse verwenden.**

Basisrezept Mürbeteig

Für 600 g (für 1 Springformboden, Ø 28 cm; oder 40–50 Plätzchen) • 10 Min. Zubereitung • 45 Min. Kühlen

300 g Weizenmehl (Type 550)
1 Prise Salz
100 g Zucker
200 g kalte Margarine

1. Mehl, Salz und Zucker in einer Rührschüssel mischen. Die Margarine in kleine Würfel schneiden, zu den trockenen Zutaten geben und alles zügig zu einem homogenen, geschmeidigen Teig verkneten. Falls der Teig zu trocken ist, 1–2 EL kaltes Wasser hinzufügen – falls er zu feucht und klebrig sein sollte, noch 1 Prise Mehl dazugeben. (Je nach Margarine variiert der enthaltene Fettanteil und auch Mehle weisen eine leicht unterschiedliche Wasserbindefähigkeit auf.) Den Teig in Frischhaltefolie wickeln und luftdicht im Kühlschrank ca. 45 Min. ruhen lassen. Der Teig lässt sich im Anschluss leichter ausrollen und reißt nicht so schnell.

Tipp **Als Grundregel kannst du dir »1-2-3-Teig« merken. Das ist das Verhältnis von Zucker zu Fett und Mehl. Mürbeteig zeichnet sich dadurch aus, dass er ohne Lockerungsmittel auskommt und meist nur aus Zucker, Fett und Mehl besteht. Er ist nicht elastisch und zieht sich nach dem Ausrollen nicht wieder zusammen. Verwendet wird Mürbeteig vor allem für Kekse und Plätzchen, Nussecken, Tortenböden oder Obstkuchen (hier verhindert der kompakte Teig das Durchweichen).**

Basisrezept Biskuitmasse

Für 1 Springform (Ø 24–26 cm) • 15 Min. Zubereitung • 25 Min. Backen

250 g Weizenmehl (Type 550)
2 TL Backpulver
150 g Zucker
1 TL Vanillezucker (oder ¼ TL gemahlene Bourbon-Vanille)
Salz
60 g Öl (z. B. Sonnenblumen- oder Rapsöl)
270 ml Mineralwasser mit Kohlensäure

1. Den Backofen auf 180° vorheizen. Die Form mit Backpapier auskleiden. Trockene Zutaten (Mehl, Backpulver, Zucker, Vanillezucker und 1 Prise Salz) in einer Rührschüssel gut mischen. Öl und Mineralwasser mit einem Schneebesen zügig unterheben (nicht zu lange rühren!). Die Masse in der Form verteilen, dabei die Form leicht schütteln bzw. mehrmals mit etwas Schwung absetzen, sodass die Masse gleichmäßig verteilt ist. Den Biskuit im Ofen (Mitte) in 20–25 Min. goldbraun backen (Stäbchenprobe!). Herausnehmen und kurz auf einem Kuchengitter abkühlen lassen, dann aus der Form lösen und vor dem Weiterverarbeiten vollständig abkühlen lassen.

Tipp **Bei der Biskuitmasse dient die Kohlensäure aus dem Mineralwasser als zusätzliches Triebmittel. Achte darauf, dass du den Teig, sobald die Flüssigkeit im Teig ist, nur noch kurz mischst und zügig in die Form gibst, sonst entweicht der größte Teil der Kohlensäure bereits vor dem Backen. Für eine noch schönere Farbe des veganen Biskuits noch ½ TL gemahlene Kurkuma untermischen.**

Nussecken

Für 1 Blech (30 × 40 cm; 24 Stück) • 30 Min. Zubereitung •
1 Std. 45 Min. Kühlen • 15 Min. Backen

Für den Mürbeteig
300 g Weizenmehl (Type 550)
1 Prise Salz
100 g Zucker
200 g kalte Margarine
Mehl zum Arbeiten

Für die Nussfüllung
150 g Margarine
150 g Zucker
1 Pck. Vanillezucker
½ TL Zimtpulver
100 g gemahlene Haselnusskerne
200 g gehackte Haselnusskerne
75 g Aprikosenkonfitüre
100 g vegane Zartbitterkuvertüre oder -schokolade

1. Den Mürbeteig wie im Rezept auf S. 192 beschrieben rechtzeitig vorbereiten und ca. 45 Min. kühl stellen. Den Backofen auf 180° vorheizen. Ein Backblech mit Backpapier belegen.

2. Für die Nussfüllung die Margarine in einem kleinen Topf zerlassen und mit Zucker, Vanillezucker und Zimt so lange unter Rühren erhitzen, bis sich der Zucker vollständig aufgelöst hat. Dann vom Herd nehmen und beide Nusssorten untermischen.

3. Den Mürbeteig auf der leicht bemehlten Arbeitsfläche gleichmäßig ausrollen und das Blech damit auskleiden. Den Teig mit der Aprikosenkonfitüre bestreichen und die Nussfüllung gleichmäßig darauf verteilen. Die Platte im Ofen (Mitte) ca. 15 Min. backen, bis die Nüsse eine goldbraune Farbe angenommen haben. Anschließend die Platte aus dem Ofen nehmen und auf einem Kuchengitter mindestens 1 Std. abkühlen lassen. So lässt sich der Teig besser schneiden.

4. Für die Glasur die Zartbitterkuvertüre klein hacken und in einer Metallschüssel über dem heißen Wasserbad langsam schmelzen. Den Teig erst in 3 Streifen (à 10 × 40 cm), dann jeden Streifen in 4 Quadrate (10 cm Kantenlänge) und diese diagonal in Dreiecke schneiden. Jeweils die beiden spitzen Ecken jeder Nussecke in die Schokolade tunken und auf einem Kuchengitter abkühlen lassen.

Variante

Statt gemahlener und gehackter Haselnusskerne kannst du auch gemahlene Mandeln verwenden.

Erdbeerkuchen mit Biskuitboden

Für 1 Springform (Ø 26 cm; 10 Stück) • 45 Min. Zubereitung • 35 Min. Backen • 1 Std. Kühlen

1 Rezept Biskuitmasse (s. S. 193)
1 Rezept Kokos-Schlagsahne (s. S. 42)

Für den Belag
500 g Erdbeeren (oder andere Beeren)
1 Pck. veganes Vanillepudding-pulver
3 EL Zucker
400 ml Pflanzendrink (ungesüßt; z. B. Hafer-, Mandel- oder Sojadrink)
50 g Mandelblättchen
25 g Schokoraspel zum Garnieren (nach Belieben)

Für den Guss
2 g Agar-Agar
2 EL Zucker

1. Den Biskuitboden wie im Rezept auf S. 193 beschrieben rechtzeitig backen und abkühlen lassen. Die Sahne ebenfalls vorbereiten und im Kühlschrank gut durchkühlen lassen.

2. Für den Belag die Erdbeeren putzen, waschen und vom Strunk befreien, die Beeren halbieren. Den Biskuitboden auf eine Kuchenplatte in einen Tortenring setzen. In einem kleinen Topf Vanillepuddingpulver, 1 EL Zucker und Pflanzendrink unter Rühren mit einem Schneebesen aufkochen, sodass ein glatter, klumpenfreier Pudding entsteht. Gleichmäßig auf dem Biskuitboden verteilen und anschließend direkt die Erdbeeren daraufsetzen.

3. Für den Guss 175 ml Wasser in einen kleinen Topf geben und Agar-Agar sowie 2 EL Zucker einrühren. Alles einmal aufkochen und unter Rühren ca. 2 Min. köcheln lassen. Vom Herd nehmen und kurz etwas abkühlen lassen, dann noch warm über den Erdbeeren verteilen. Agar-Agar wird erst beim Abkühlen vollständig fest, daher den Kuchen mindestens 1 Std. kühl stellen.

4. Die Mandelblättchen in einer Pfanne ohne Fett hell rösten. Sobald sie beginnen, etwas Farbe anzunehmen, 2 EL Zucker hinzufügen und die Hitze reduzieren. Wenn der Zucker geschmolzen ist, die Mandelblättchen gut durchmischen und leicht karamellisieren. Sofort auf dem Kuchen verteilen, bevor sie zu stark aneinanderkleben. Zum Servieren den Kuchen mit der Sahne anrichten und nach Belieben noch mit Schokoraspeln bestreuen.

Variante **Statt Agar-Agar kannst du einen veganen Tortenguss mit Stärke herstellen: Dazu 10 g Speisestärke und 2 EL Zucker in 50 ml kaltes Wasser einrühren und auflösen. 125 ml Wasser aufkochen und den Stärke-Mix mit einem Schneebesen einrühren. Alles so lange aufkochen, bis die gewünschte Konsistenz erreicht ist. Vom Herd nehmen, abkühlen lassen und über den Kuchen geben.**

Herzhafte Pilztarte

Für 1 Tarteform (Ø 26 cm; 8 Stück) • 45 Min. Zubereitung •
45 Min. Kühlen • 45 Min. Backen

Für den Mürbeteig
250 g Weizenmehl (Type 550)
Salz
100 g kalte Margarine
Fett für die Form
Mehl zum Arbeiten

Für die Füllung
2 Schalotten
2 Knoblauchzehen
500 g Champignons
150 g Shiitake (Pilze)
75 g getr. Tomaten (in Öl eingelegt)
2 EL Olivenöl
1–2 TL getr. Thymian
½ TL getr. Oregano
Salz, Pfeffer
400 g Seidentofu
1 EL Öl (z. B. Raps- oder Sonnenblumenöl)
2 EL Speisestärke
½ TL Kala Namak (Schwefelsalz)
Saft von ½ Zitrone
etwas Thymian zum Garnieren

1. Für den Mürbeteig Mehl und 1 Prise Salz in einer Rührschüssel mischen. Die Margarine in kleine Würfel schneiden, mit 2 EL kaltem Wasser zu den trockenen Zutaten geben und alles zügig zu einem homogenen, geschmeidigen Teig verkneten. Falls der Teig zu trocken ist, noch 1–2 EL kaltes Wasser hinzufügen, falls er zu feucht und klebrig sein sollte, noch 1 Prise Mehl dazugeben. Den Teig in Frischhaltefolie wickeln und 30–45 Min. kühl stellen.

2. Inzwischen für die Füllung Schalotten und Knoblauch schälen und fein würfeln. Die Pilze putzen, bei Bedarf mit einem Tuch abreiben und in kleine Stücke schneiden. Die getrockneten Tomaten ebenfalls klein schneiden. Schalotten und Knoblauch in einer Pfanne im Olivenöl 2–3 Min. andünsten. Die Pilze hinzufügen und so lange erhitzen, bis sie eingefallen sind und die ausgetretene Flüssigkeit eingekocht ist. Die Tomaten dazugeben und alles mit Thymian, Oregano, Salz und Pfeffer kräftig abschmecken.

3. Den Backofen auf 180° vorheizen. Die Form mit Backpapier auslegen, den Rand leicht einfetten. Seidentofu, Öl, 1 gute Prise Salz und Pfeffer in einem hohen Rührbecher mit dem Pürierstab fein pürieren. Die Stärke mit 4 EL Wasser glatt verrühren und mit Kala Namak und dem Zitronensaft unter den Guss heben.

4. Den Mürbeteig auf der leicht bemehlten Arbeitsfläche ausrollen und die Form damit auskleiden, dabei einen ca. 3 cm hohen Rand formen. Die Pilze zum Seidentofu-Mix geben, nochmals kräftig mit Salz, Pfeffer, Kala Namak und Thymian abschmecken. Die Füllung gleichmäßig in der Form verteilen und die Tarte im Ofen (Mitte) ca. 45 Min. backen (Stäbchenprobe!). Der Teigrand soll nach der Zeit eine leicht bräunliche Farbe angenommen haben. Die Tarte aus dem Ofen nehmen und vor dem Aufschneiden kurz auf einem Kuchengitter abkühlen lassen. Mit Thymian garnieren. Dazu passt ein grüner Beilagensalat.

Hefe – Dos and Don'ts

Backhefe ist ein einzelliger Pilz und damit kein tierisches Produkt. Sie kommt vor allem beim Backen von Brot-, Brötchen- und Hefeteigen zum Einsatz. Backhefen nutzen für ihren Stoffwechsel vor allem im Teig enthaltene Zucker. Dabei entstehen verschiedene Stoffwechselprodukte wie Kohlenstoffdioxid (s. S. 184) und Alkohol (Ethanol). Folgende Faktoren beeinflussen das Gelingen von Hefeteiggebäck:

AM BESTEN ZIMMERWARM

Damit Hefe richtig arbeiten kann, werden neben dem richtigen Nährboden (z. B. vorhandene Zucker) vor allem die richtigen Temperaturen benötigt. Ideal zum Gären und somit auch für den (Back-)Trieb sind 28–32°. In diesem Temperaturbereich kann die Hefe optimal arbeiten und verdoppelt sich nach 90–120 Min. Wichtig: Über 45° stirbt Backhefe ab.

HEFE RICHTIG DOSIEREN

Die Faustregel lautet; 3–6 % Hefeanteil bezogen auf die Mehlmenge. Das heißt, bei 500 g Mehl zum Beispiel 15–30 g. Auf vielen frischen Hefewürfeln wird pro 500 g Mehl ½ Würfel, also 21 g Hefe, empfohlen. Teige mit hohem Fettanteil oder wenig Wasser vertragen bis zu 8 % Hefe. Bei Vorteigen oder sehr langen Teigführungen, das heißt, wenn die Hefe viel Zeit zum Arbeiten hat, reichen 1–2 % Hefeanteil.

FRISCH ODER TROCKEN?

Zur Herstellung von Trockenhefe wird der Frischhefe ein Großteil des enthaltenen Wassers entzogen. Dadurch wird die Hefe inaktiviert, ohne dabei abzusterben. Durch Zugabe zu einem Teig mit Flüssigkeit, wird die Hefe wieder aktiviert und kann wie frische Hefe verwendet werden. Du kannst dir einfach merken: 1 Beutel trockene Hefe (7 g) entspricht ½ Würfel Frischhefe.

SO LANGE HÄLT SICH HEFE

Frische Hefe sollte allgemein so schnell wie möglich verwendet werden. Denn ihre Triebfähigkeit nimmt nach 2 Wochen stark ab. Du erkennst frische Hefe an einem angenehm süßlichen Geruch. Je älter sie ist, desto stärker trocknet sie aus, wird brüchig und bildet einen unangenehmen Geruch. Frische Hefe lässt sich einfrieren und so etwa 6 Monate aufbewahren. Zum Backen dann einfach über Nacht im Kühlschrank auftauen lassen und wie gewohnt verwenden. Getrocknete Hefe hält sich in der Regel 1 Jahr (wenn sie gut verschlossen ist).

IN WASSER AUFLÖSEN ODER NICHT?

Trockenhefe sollte vor der Verwendung nicht in Wasser aufgelöst werden, sonst könnte sie einen Teil ihrer Triebkraft verlieren. Frische Hefe kannst du einfach mit wenig lauwarmem Wasser 5–10 Min. vor der Verwendung auflösen. So lässt sich die Hefe leichter im Teig verteilen. Wird der Teig länger geknetet und gut durchmischt, reicht ein Zerbröseln der Hefe aber auch.

Klugscheißerwissen

Zur Hefeherstellung benötigt man zwei Dinge: Einen Hefestamm und ein Medium, auf dem sich dieser vermehren kann. Hefestämme werden seit Jahrhunderten durch Auslese und Züchtung gewonnen. Das geschieht meistens mit Sauerteighefen oder aus der Bierhefe von obergärigen Bieren. Als Medium nimmt man meist Melasse, also ein Zuckersirup und Nebenprodukt der Zuckerherstellung. Die verwendeten Hefestämme sind oft ein gut gehütetes Geheimnis des jeweiligen Produzenten und unterscheiden sich in ihren Eigenschaften (z. B. Triebkraft) stark voneinander.

Süßer Hefezopf

Für 1 Zopf (12 Stücke) • 20 Min. Zubereitung • 1 Std. 20 Min. Gehen • 25 Min. Backen

320 ml veganer Pflanzendrink (ungesüßt; z. B. Soja- oder Haferdrubj)
21 g frische Hefe (½ Würfel, oder 1 Pck. Trockenhefe)
500 g Weizenmehl (Type 550)
105 g Zucker
Salz
100 g Margarine
Mehl zum Arbeiten
1 EL Öl
etwas Hagelzucker zum Bestreuen (nach Belieben)

1. In einem Topf 290 ml Pflanzendrink lauwarm erhitzen, vom Herd nehmen und die Hefe darin 5–10 Min. auflösen. In einer Rührschüssel Mehl, 100 g Zucker und 1 Prise Salz mischen. Die warme Hefemischung zum Mehl-Mix geben und alles gut mischen, dann die klein geschnittene Margarine hinzufügen.

2. Den Teig mit den Händen oder den Knethaken des Handrührgeräts bzw. der Küchenmaschine zu einem glatten, homogenen Teig kneten, der sich gut vom Schüsselrand löst. Zugedeckt an einem warmen Ort ca. 1 Std. gehen lassen, das Teigvolumen sollte sich knapp verdoppeln. Ein Backblech mit Backpapier belegen.

3. Anschließend den Teig auf der leicht bemehlten Arbeitsfläche nochmals kurz durchkneten und in drei gleich große Stücke teilen. Jedes Teigstück zu einem Strang (ca. 50 cm Länge) formen. Die drei Stränge nebeneinander auf das Blech legen, dabei an einem Ende übereinanderlegen und leicht andrücken. Die drei Teigstränge locker zu einem Zopf flechten, dabei am Ende die Teigenden erneut leicht festdrücken.

4. Den Backofen auf 180° vorheizen. Den Hefezopf zugedeckt nochmals ca. 20 Min. ruhen lassen. Inzwischen übrige 2 EL Pflanzendrink, Öl und 1 TL Zucker verrühren. Den Hefezopf mit dem Zucker-Mix gründlich bestreichen und nach Belieben mit Hagelzucker bestreuen. Dann im Ofen (Mitte) 20–25 Min. backen, bis der Zopf eine schöne leicht bräunliche Farbe angenommen hat. Herausnehmen und auf einem Kuchengitter kurz abkühlen lassen, zum Servieren in Scheiben schneiden. Dazu passt Erdbeerkonfitüre oder ein veganer Schoko-Nuss-Aufstrich.

Tipp **Sollten die Stränge beim Flechten oder später beim Backen reißen, ist dies ein Zeichen dafür, dass der Teig nicht genug geknetet wurde oder noch nicht richtig aufgegangen war. Dem Geschmack tut das keinen Abbruch!**

Fladenbrot

Für 1 Backblech (30 × 40 cm; 8 Stück) • 20 Min. Zubereitung • 40 Min. Gehen • 12 Min. Backen

465 g Weizenmehl (Type 550)
1 TL Salz
21 g frische Hefe (½ Würfel, oder 1 Pck. Trockenhefe)
300 ml lauwarmes Wasser
1 EL Hartweizengrieß für das Blech
3 EL Sojadrink (ungesüßt)
1 TL Zucker
1 EL Olivenöl
2 TL Sesam (ungeschält)
2 TL Schwarzkümmel

1. Mehl und Salz in einer Rührschüssel mischen. Die Hefe in das lauwarme Wasser bröseln und darin so lange verrühren, bis sie sich vollständig aufgelöst hat. Das Hefewasser zur Mehlmischung geben und alles mit den Händen oder den Knethaken des Handrührgeräts bzw. der Küchenmaschine ca. 5 Min. kneten, bis ein homogener, glatter Teig entstanden ist. Dieser sollte sich gut vom Schüsselrand lösen, ohne zu trocken zu sein. Falls nötig, noch etwas Mehl oder Wasser hinzufügen. Die Schüssel abdecken und den Teig an einem warmen Ort ca. 30 Min. gehen lassen.

2. Den Backofen auf 240° vorheizen. Ein Backblech mit Backpapier belegen und mit dem Hartweizengrieß gleichmäßig bestreuen. Den Teig aus der Schüssel nehmen, dabei nicht mehr kneten oder falten. Auf das Backblech legen und mit den flachen Händen zu einem ovalen Teigfladen (ca. 2 cm hoch) formen. Den Fladen zugedeckt nochmals ca. 10 Min. gehen lassen.

3. Inzwischen den Sojadrink mit Zucker und Olivenöl verrühren. Mit dem Daumen ein paar Vertiefungen (keine Löcher!) in den Teig drücken und mit dem Sojadrink-Öl-Mix gleichmäßig bestreichen. Den Fladen mit Sesam und Schwarzkümmel bestreuen und im Ofen (oben) 10–12 Min. backen. Er sollte auf der Oberseite eine schöne, goldgelbe bis braune Farbe annehmen. Herausnehmen und auf einem Kuchengitter abkühlen lassen, zum Servieren in Stücke schneiden. Das Fladenbrot passt zu Suppen oder schmeckt mit einem fruchtigen Aufstrich wie Tofu-Tomate von S. 87.

Tipp **Um festzustellen, ob das Brot schon fertig gebacken ist, kannst du einfach mit einem Löffel den »Klopftest« machen: Klingt das Brot beim Draufklopfen auf die Unterseite hohl, ist es durchgebacken.**

Dinkel-Roggen-Spiralen

Für 8 Stück • 20 Min. Zubereitung • 12 Std. 30 Min. Gehen (über Nacht) • 20 Min. Backen

350 g Dinkelmehl (Type 630)
150 g Vollkorn-Roggenmehl
1 EL Chia-Samen
10 g Salz
4 g frische Hefe
350 ml lauwarmes Wasser
25 g Margarine
Mehl zum Arbeiten

1. Am Vortag Dinkel- und Roggenmehl, Chia-Samen und Salz in einer Rührschüssel gut mischen. Die Hefe in 30 ml lauwarmem Wasser 5–10 Min. auflösen. Anschließend Hefewasser und übriges lauwarmes (320 ml) Wasser in die Schüssel geben und gut mischen. Die Margarine in kleine Stücke schneiden und ebenfalls hinzufügen. Den Teig mit den Händen oder den Knethaken des Handrührgeräts bzw. der Küchenmaschine ca. 5 Min. gut durchkneten. Der Teig sollte sich im Anschluss gut vom Schüsselrand lösen. Den Teig mit einem Geschirrtuch zugedeckt im Kühlschrank ca. 12 Std., am besten über Nacht, gehen lassen.

2. Am nächsten Tag ein Backblech mit Backpapier belegen. Den Teig in 8 gleich große Stücke teilen und jedes Teigstück auf der bemehlten Arbeitsfläche zu einem dünnen Strang (ca. 30 cm Länge) ausrollen. Mit etwas Wasser bestreichen und zu einer Teigschnecke aufrollen. Die Teigschnecken nebeneinander flach auf das Blech legen und zugedeckt bei Zimmertemperatur nochmals ca. 30 Min. gehen lassen. Den Backofen auf 220° vorheizen.

3. Anschließend die Spiralen im Ofen (Mitte) in 17–20 Min. goldbraun backen. Herausnehmen und vor dem Servieren auf einem Kuchengitter kurz abkühlen lassen. Sie eigenen sich super als Frühstücksbrötchen oder für ein Picknick.

Variante **Statt dem Vollkorn-Roggenmehl kannst du auch ein anderes Vollkornmehl oder alternativ »nur« Dinkelmehl (Type 630) verwenden. Im letzteren Fall einfach ein bisschen weniger Wasser verwenden.**

Sesam-Leinsamen-Brot

Für 2 Brote • 45 Min. Zubereitung • 14 Std. Gehen (über Nacht) • 40 Min. Backen

Für den Vorteig
100 g Weizenmehl (Type 550)
2 g Salz
2 g frische Hefe
65 ml lauwarmes Wasser

Für den Hauptteig
445 g Weizenmehl (Type 550)
310 ml Wasser
4 g frische Hefe
1 EL Agavendicksaft
10 g Salz
50 g heller Sesam
50 g Leinsamen

1. Am Vorabend für den Vorteig Mehl und Salz gut mischen. Die Hefe in das lauwarme Wasser bröseln und darin auflösen. Das Hefewasser zum Mehl geben und alles mit den Händen oder den Knethaken des Handrührgeräts bzw. der Küchenmaschine ca. 5 Min. zu einem homogenen Teig kneten. Der Teig sollte sich gut von der Schüssel lösen. Falls nötig, noch etwas Wasser unterkneten. Den Teig zugedeckt erst bei Zimmertemperatur ca. 1 Std., anschließend im Kühlschrank ca. 12 Std., am besten über Nacht, gehen lassen.

2. Am nächsten Tag für den Hauptteig das Weizenmehl mit dem Wasser mischen und kurz ruhen lassen. Anschließend den Vorteig, Hefe, Agavendicksaft und Salz hinzufügen und alles mit den Händen oder den Knethaken des Handrührgeräts bzw. der Küchenmaschine 8–10 Min. durchkneten, bis ein zäher, homogener Teig entstanden ist. Zuletzt je 25 g Sesam und Leinsamen dazugeben und alles nochmals kurz durchkneten.

3. Den Teig zugedeckt bei Zimmertemperatur nochmals ca. 1 Std. gehen lassen. Den Backofen auf 240° vorheizen. Ein Backblech mit Backpapier belegen. Den Teig halbieren und jede Teighälfte zu einem länglichen, ovalen Brot formen, nebeneinander auf das Blech setzen.

4. Die Brote mit wenig Wasser bestreichen, mit den restlichen Sesam- und Leinsamen bestreuen und etwas andrücken. Dann die Brote im Ofen (Mitte) 35–40 Min. backen. Nach dem Klopftest (s. Tipp S. 205) herausnehmen und vor dem Anschneiden auf einem Kuchengitter vollständig abkühlen lassen.

Gemüsepizza mit Currysauce

Für 2 Pizzen (Ø 26–28 cm; 4 Personen) • 45 Min. Zubereitung • 12 Std. 30 Min. Gehen • 14 Min. Backen (pro Blech)

Für den Pizzateig
300 g Weizenmehl (Type 550)
40 g Hartweizengrieß
Salz
7 g frische Hefe
200 ml lauwarmes Wasser
Mehl zum Arbeiten

Für den Belag
150 g Kokosmilch
1 ½ EL Erdnussmus
1–2 TL rote Currypaste (Menge je nach Schärfe)
1 TL Zucker
1 rote Zwiebel
75 g Zuckerschoten
1 rote Paprika
1 Möhre
2–3 Frühlingszwiebeln
200 g geräucherter Tofu
50 g veganer Reibekäse (s. Tipp)

1. Am Vorabend für den Pizzateig Mehl, Hartweizengrieß und 1 Prise Salz gut mischen. Die Hefe in das lauwarme Wasser bröseln und darin auflösen. Das Hefewasser zum Mehl-Mix geben und alles mit den Händen oder den Knethaken des Handrührgeräts bzw. der Küchenmaschine ca. 5 Min. zu einem homogenen Teig kneten. Der Teig sollte sich gut von der Schüssel lösen. Falls nötig, noch etwas Wasser unterkneten. Den Teig zugedeckt erst bei Zimmertemperatur ca. 30 Min., anschließend im Kühlschrank ca. 12 Std., am besten über Nacht, gehen lassen.

2. Am nächsten Tag den Teig ca. 30 Min. vor Verarbeitung aus dem Kühlschrank nehmen und Zimmertemperatur annehmen lassen. Für den Belag Kokosmilch, Erdnussmus, Currypaste und Zucker glatt verrühren. Zwiebel schälen und in feine Stifte oder dünne Ringe schneiden. Zuckerschoten putzen, waschen und je nach Größe halbieren oder dritteln. Paprika waschen, halbieren, weiße Trennwände und Kerne entfernen, die Hälften in dünne Streifen schneiden. Möhre schälen und in feine Streifen raspeln. Frühlingszwiebeln putzen, waschen und in dünne Ringe schneiden, das Grün beiseitestellen. Räuchertofu ca. 5 mm klein würfeln.

3. Den Backofen auf 200° vorheizen. Zwei Backbleche mit Backpapier belegen. Den Teig halbieren und jede Teighälfte auf der leicht bemehlten Arbeitsfläche rund ausrollen (Ø 26–28 cm). Die Böden jeweils auf ein Blech setzen, gleichmäßig mit der Sauce bestreichen und mit dem Reibekäse bestreuen. Die Pizzen mit Gemüse und Räuchertofu belegen und nacheinander im Ofen (Mitte) jeweils 12–14 Min. backen. Der Teig sollte am Rand leicht beginnen zu bräunen. Die Pizzen aus dem Ofen nehmen und zum Servieren mit dem Grün der Frühlingszwiebeln bestreuen.

Tipp **Veganer Reibekäse schmilzt am besten, wenn er beim Backen Kontakt zu Feuchtigkeit hat. Oder gib etwas Wasser oder Öl darüber, bevor du die Pizza bäckst.**

Nachgefragt

Auch mit tierischen Zutaten ist Backen kein leichtes Thema. Noch komplexer wird das Ganze, wenn wir versuchen, die Backeigenschaften von Butter, Milchprodukten oder Eiern über pflanzliche Alternativen zu erzeugen. Hier ein paar wichtige Tipps für alle HobbybäckerInnen:

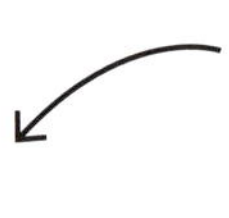

IST MARGARINE IMMER VEGAN?

Margarine ist eine bekannte und oft verwendete Alternative zu Butter. Margarine basiert auf einer Emulsion von überwiegend pflanzlichen Fetten und Wasser. Je nach Sorte und Hersteller finden sich in ihr noch weitere Zutaten wie Magermilch, Säuerungsmittel, Molke sowie zugesetzte Vitamine und Farbstoffe.

Einige dieser Zusatzstoffe sind natürlich schnell als nicht pflanzlich zu identifizieren – wie Magermilch oder Sauermolke. Andere Zutaten sind nicht so eindeutig nonvegan: Bei zugesetztem Vitamin D lohnt deshalb ein genauer Blick: Dieses wird häufig aus Fisch oder Wollwachs gewonnen und ist damit keine pflanzenbasierte Zutat. Achte beim Kauf deiner Margarine daher immer auf eine entsprechende Kennzeichnung als rein pflanzliches Produkt – durch eines der bekannten Vegan-Labels wie die Vegan-Blume zum Beispiel. Und auch wenn auf der Margarine »pflanzlich« steht, dürfen laut Gesetz bis zu 2% tierische Fette enthalten sein. Das gilt auch für Margarine aus bestimmten Pflanzen wie Sonnenblumenmargarine.

Nicht-VeganerInnen bevorzugen oft Butter aus geschmacklichen Gründen für feines Gebäck. Hier kannst du eventuell auf Margarine »zum Backen« ausweichen. Noch ein Vorteil: Margarine ist deutlich länger haltbar als Butter, was bei der Vorratshaltung nicht zu vernachlässigen ist.

2

MIT ÖL ODER MARGARINE BACKEN?

In vielen Backrezepten, vor allem für Hefe-, Rühr- und Brandteige, wird einfach die Butter durch ein Pflanzenöl ersetzt. Aber aufgepasst: Öl und Butter lassen sich nicht so einfach austauschen. Es kommt immer auf das Rezept und die Verwendung an. So kannst du zwar Butter und Margarine ohne Probleme 1:1 ersetzen. Bei Pflanzenöl und Margarine geht das nicht ganz so einfach, hier gibt es vor allem zwei Dinge zu beachten:

Öl weist einen höheren Fettanteil als Margarine auf, entsprechend solltest du immer etwas weniger Öl als die angegebene Margarinemenge verwenden. Grobe Faustregel: 80 g Öl statt 100 g Margarine bzw. andersherum.

Bei einigen Rezepten spielt neben dem Fettgehalt vor allem die Konsistenz eine wichtige Rolle. Dabei macht es einen großen Unterschied, ob flüssiges Öl oder eine feste Margarine verwendet wird. Bestes Beispiel hierfür ist ein Mürbeteig (s. S. 192), der sich mit Öl nicht zubereiten lässt.

3

GIBT ES VEGANEN TORTENGUSS?

Unter Tortenguss versteht man einen Überzug, der vor allem über Obstkuchen und Fruchttorten kommt. Hierfür mischt man eine Flüssigkeit wie Wasser oder Fruchtsaft mit einem Geliermittel – die Flüssigkeit wird so gebunden und verdickt. Dazu kommt häufig Agar-Agar (s. S. 106) oder Carrageen (gewonnen aus einer Rotalge) zum Einsatz – beides wären vegane Produkte. Aber auch Pulver mit Gelatine und vor allem dem roten Farbstoff (Echtes Karmin, gewonnen aus Schildläusen) gibt es im Handel. Beides ist nicht pflanzenbasiert. Tortenguss ist also nicht immer vegan.

Rezeptübersicht

Frühstück

Omelett mit Seidentofu 19
Rührtofu mit Paprika 16
Tofu-Tomaten-Aufstrich 87
Vegane Leberwurst 86
Vegane Pancakes 20

Salate und Bowls

Buchweizensalat mit Ofengemüse 170
Bunte Bowl mit Knuspertofu 89
Hirse-Kichererbsen-Salat mit Tofu 72
Kartoffelsalat mit Teigstangen 179
Nudelsalat mit veganer Mayonnaise 156
Quinoa-Bowl mit BBQ-Kichererbsen 129

Suppen

Kalte Kartoffelsuppe Okroschka 120
Kartoffeleintopf mit Räuchertofu 104
Miso-Ramen mit Dashi 103
Süßkartoffel-Kokos-Suppe 176

Nudeln

Champignon bourguignon 149
Cremige Pasta mit Schwarzwurzeln 122
Lasagne 160
Miso-Ramen mit Dashi 103
Nudeln mit Brokkolicreme 163
Nudelsalat mit veganer Mayonnaise 156
Pasta mit Linsenbolognese 68
Tomatensugo mit Zucchini 121
Vegane Spaghetti Carbonara 159

Pilze

Champignon bourguignon 149
Champignonrahmsauce 108
Champignon-Seitan-Braten 146
Frikassee mit Kräuterseitlingen 150
Herzhafte Pilztarte 198
Lasagne 160
Miso-Ramen mit Dashi 103
Pasta mit Linsenbolognese 68
Rührtofu mit Paprika 16
Vegane Spaghetti Carbonara 159

Reis, Hirse und Co.

Black Bean Burger 136
Bratreis mit buntem Gemüse 169
Buchweizensalat mit Ofengemüse 170
Bunte Bowl mit Knuspertofu 89
Dinkelpfanne mit Grünkohl 126
Einfaches Curry 94
Frikassee mit Kräuterseitlingen 150
Hirse-Kichererbsen-Salat mit Tofu 72
Kokos-Milchreis mit Zimtäpfeln 173
Marinierter Teriyaki-Tofu aus dem Wok 84
Orangen-Tempeh-Gemüse mit Reis 81
Rote-Bete-Risotto 166

Gemüse und Kartoffeln

»Karottenlachs« 132
Black Bean Burger 136
Blumenkohlsteaks mit Zugh 97
Crushed Potatoes mit Pistazienpesto 180
Einfaches Curry 94
Jackfruit-Tajine mit Zitruscouscous 135
Kalte Kartoffelsuppe Okroschka 120
Kartoffeleintopf mit Räuchertofu 104

Kartoffelsalat mit Teigstangen 179
Spargel mit Sauce Hollandaise 118
Süßkartoffel-Kokos-Suppe 176

Tofu

Bratreis mit buntem Gemüse 169
Bunte Bowl mit Knuspertofu 89
Gemüsepizza mit Currysauce 210
Herzhafte Pilztarte 198
Hirse-Kichererbsen-Salat mit Tofu 72
Kartoffeleintopf mit Räuchertofu 104
Marinierter Teriyaki-Tofu aus dem Wok 84
Omelett mit Seidentofu 19
Rührtofu mit Paprika 16
Tofu-Tomaten-Aufstrich 87
Vegane Leberwurst 86

Kuchen und Kekse

Erdbeerkuchen mit Biskuitboden 197
Macadamia-Erdnuss-Cookies 190
Marmorkuchen 189
Nussecken 194
Schokomuffins 186
Süßer Hefezopf 202

Desserts

Frozen Joghurt ohne Eismaschine 52
Heiße Schokolade mit Sahne 43
Kokos-Milchreis mit Zimtäpfeln 173
Kokos-Pannacotta 44
Kokospudding mit Granola und Birne 110
Mousse au Chocolat mit Himbeeren 28
Schokopudding 113
Vegane Pancakes 20

Herzhaftes Gebäck

Dinkel-Roggen-Spiralen 206
Fladenbrot 205
Gemüsepizza mit Currysauce 210
Herzhafte Pilztarte 198
Sesam-Leinsamen-Brot 209

Basisrezepte

Biskuitmasse 193
Buttermilch 48
Frischkäse 59
Gemüsebrühe 100
Haferdrink 38
Hummus 71
Joghurt 51
Kimchi 140
Kokos-Schlagsahne 42
Mayonnaise 24
Mürbeteig 192
Reibekäse 60
Remoulade 25
Rotwein-Pflaumen-Sauce 109
Sauerkraut 143
Sojaquark 56
Tempeh 78

Rezeptregister

A

Algen
- »Karottenlachs« 132
- Miso-Ramen mit Dashi 103

Apfel
- Kartoffelsalat mit Teigstangen 179
- Kokos-Milchreis mit Zimtäpfeln 173
- Schokomuffins 186

Aquafaba: **Mousse au Chocolat mit Himbeeren** 28

Avocado
- Buchweizensalat mit Ofengemüse 170
- Hirse-Kichererbsen-Salat mit Tofu 72

B

Banane: **Marmorkuchen** 189

Basisrezepte
- Biskuitmasse 193
- Buttermilch 48
- Frischkäse 59
- Gemüsebrühe 100
- Haferdrink 38
- Hummus 71
- Joghurt 51
- Kimchi 140
- Kokos-Schlagsahne 42
- Mayonnaise 24
- Mürbeteig 192
- Reibekäse 60
- Remoulade 25
- Sauerkraut 143
- Sojaquark 56
- Tempeh 78

Beeren
- Erdbeerkuchen mit Biskuitboden 197
- Frozen Joghurt ohne Eismaschine 52
- Kokos-Pannacotta 44
- Mousse au Chocolat mit Himbeeren 28

Birnen
- Basisrezept Kimchi 140
- Kokospudding mit Granola und Birne 110

Biskuitmasse
- Basisrezept 193
- Erdbeerkuchen mit Biskuitboden 197

Black Bean Burger 136

Blätterteig: **Kartoffelsalat mit Teigstangen** 179

Blumenkohl
- Blumenkohlsteaks mit Zugh 97
- Buchweizensalat mit Ofengemüse 170

Bohnen
- Basisrezept Tempeh 78
- Black Bean Burger 136
- Einfaches Curry 94
- Vegane Leberwurst 86

Bowls
- Bunte Bowl mit Knuspertofu 89
- Quinoa-Bowl mit BBQ-Kichererbsen 129

Bratreis mit buntem Gemüse 169

Brokkoli
- Bunte Bowl mit Knuspertofu 89
- Marinierter Teriyaki-Tofu aus dem Wok 84
- Nudeln mit Brokkolicreme 163
- Orangen-Tempeh-Gemüse mit Reis 81
- Quinoa-Bowl mit BBQ-Kichererbsen 129

Brot
- Fladenbrot 205
- Sesam-Leinsamen-Brot 209

Brötchen: **Dinkel-Roggen-Spiralen** 206

Buchweizensalat mit Ofengemüse 170

Bunte Bowl mit Knuspertofu 89

Buttermilch, Basisrezept 48

C

Cashewkerne
- Basisrezept Frischkäse 59
- Basisrezept Reibekäse 60
- Quinoa-Bowl mit BBQ-Kichererbsen 129

Champignons
- Champignon bourguignon 149
- Champignonrahmsauce 108
- Champignon-Seitan-Braten 146
- Frikassee mit Kräuterseitlingen 150
- Herzhafte Pilztarte 198
- Lasagne 160
- Pasta mit Linsenbolognese 68
- Rührtofu mit Paprika 16

Chinakohl
- Basisrezept Kimchi 140
- Orangen-Tempeh-Gemüse mit Reis 81

Cookies: **Macadamia-Erdnuss-Cookies** 190
Couscous: **Jackfruit-Tajine mit Zitruscouscous** 135
Cranberrys: **Buchweizensalat mit Ofengemüse** 170
Crème-fraîche-Alternative: **Kalte Kartoffelsuppe Okroschka** 120
Cremige Pasta mit Schwarzwurzeln 122
Crushed Potatoes mit Pistazienpesto 180

Curry
- Einfaches Curry 94
- Gemüsepizza mit Currysauce 210

D

Dashi: **Miso-Ramen mit Dashi** 103
Datteln: **Jackfruit-Tajine mit Zitruscouscous** 135

Dinkel
- Dinkelpfanne mit Grünkohl 126
- Dinkel-Roggen-Spiralen 206
- Kokospudding mit Granola und Birne 110

E

Einfaches Curry 94

Erbsen
- Bratreis mit buntem Gemüse 169
- Cremige Pasta mit Schwarzwurzeln 122
- Einfaches Curry 94
- Frikassee mit Kräuterseitlingen 150
- Nudelsalat mit veganer Mayonnaise 156

Erdbeeren
- Erdbeerkuchen mit Biskuitboden 197
- Kokos-Pannacotta 44

Erdnussmus
- Gemüsepizza mit Currysauce 210
- Macadamia-Erdnuss-Cookies 190

F

Feta-Alternative: **Rote-Bete-Risotto** 166
Fladenbrot 205
Frikassee mit Kräuterseitlingen 150
Frischkäse, Basisrezept 59
Frozen Joghurt ohne Eismaschine 52

G

Gemüsebrühe, Basisrezept 100
Gemüsepizza mit Currysauce 210
Grünkohl: **Dinkelpfanne mit Grünkohl** 126

Gurken
- Bunte Bowl mit Knuspertofu 89
- Hirse-Kichererbsen-Salat mit Tofu 72
- Kalte Kartoffelsuppe Okroschka 120
- Kartoffelsalat mit Teigstangen 179
- Nudelsalat mit veganer Mayonnaise 156
- Quinoa-Bowl mit BBQ-Kichererbsen 129

H

Haferdrink
- Basisrezept 38
- Schokomuffins 186

Haferflocken
- Basisrezept Haferdrink 38
- Black Bean Burger 136
- Kokospudding mit Granola und Birne 110

Haselnüsse
- Kokospudding mit Granola und Birne 110
- Nussecken 194
- Schokopudding 113

Hefeteig
- Dinkel-Roggen-Spiralen 206
- Fladenbrot 205
- Gemüsepizza mit Currysauce 210
- Süßer Hefezopf 202

Heidelbeeren: **Frozen Joghurt ohne Eismaschine** 52
Heiße Schokolade mit Sahne 43
Herzhafte Pilztarte 198
Himbeeren: **Mousse au Chocolat mit Himbeeren** 28
Hirse-Kichererbsen-Salat mit Tofu 72
Hummus, Basisrezept 71

J

Jackfruit-Tajine mit Zitruscouscous 135

Joghurtalternative
- Basisrezept 51
- Basisrezept Sojaquark 56
- Frozen Joghurt ohne Eismaschine 52
- Macadamia-Erdnuss-Cookies 190
- Vegane Pancakes 20

K

Kalte Kartoffelsuppe Okroschka 120
»Karottenlachs« 132

Kartoffeln
- Crushed Potatoes mit Pistazienpesto 180
- Einfaches Curry 94
- Kalte Kartoffelsuppe Okroschka 120
- Kartoffeleintopf mit Räuchertofu 104
- Kartoffelsalat mit Teigstangen 179
- Spargel mit Sauce Hollandaise 118
- Süßkartoffel-Kokos-Suppe 176

Kichererbsen
- Basisrezept Hummus 71
- Buchweizensalat mit Ofengemüse 170
- Dinkelpfanne mit Grünkohl 126
- Einfaches Curry 94
- Hirse-Kichererbsen-Salat mit Tofu 72
- Jackfruit-Tajine mit Zitruscouscous 135
- Quinoa-Bowl mit BBQ-Kichererbsen 129

Kichererbsenmehl
- Champignon-Seitan-Braten 146
- Omelett mit Seidentofu 19

Kimchi, Basisrezept 140

Kokosmilch
- Basisrezept Kokos-Schlagsahne 42
- Gemüsepizza mit Currysauce 210
- Heiße Schokolade mit Sahne 43
- Kokos-Pannacotta 44
- Kokospudding mit Granola und Birne 110
- Süßkartoffel-Kokos-Suppe 176

Kokos-Milchreis mit Zimtäpfeln 173
Kokos-Pannacotta 44
Kokosöl: **Basisrezept Reibekäse** 60
Kokospudding mit Granola und Birne 110
Kokos-Schlagsahne, Basisrezept 42

Kräuterseitlinge: **Frikassee mit Kräuterseitlingen** 150
Kürbis: **Buchweizensalat mit Ofengemüse** 170

L

Lasagne 160
Lauch
- Dinkelpfanne mit Grünkohl 126
- Kartoffeleintopf mit Räuchertofu 104
- Pasta mit Linsenbolognese 68

Leberwurst, vegane 86
Linsen
- Einfaches Curry 94
- Kartoffeleintopf mit Räuchertofu 104
- Pasta mit Linsenbolognese 68

M

Macadamia-Erdnuss-Cookies 190
Mais
- Bratreis mit buntem Gemüse 169
- Nudelsalat mit veganer Mayonnaise 156

Mandeln
- Erdbeerkuchen mit Biskuitboden 197
- Jackfruit-Tajine mit Zitruscouscous 135
- Nudeln mit Brokkolicreme 163

Marinierter Teriyaki-Tofu aus dem Wok 84
Marmorkuchen 189
Mayonnaise
- Basisrezept 24
- Nudelsalat mit veganer Mayonnaise 156

Miso-Ramen mit Dashi 103
Möhren
- Basisrezept Kimchi 140
- Bratreis mit buntem Gemüse 169
- Champignon bourguignon 149
- Frikassee mit Kräuterseitlingen 150
- Gemüsepizza mit Currysauce 210
- Hirse-Kichererbsen-Salat mit Tofu 72
- »Karottenlachs« 132
- Kartoffeleintopf mit Räuchertofu 104
- Lasagne 160
- Orangen-Tempeh-Gemüse mit Reis 81
- Pasta mit Linsenbolognese 68
- Quinoa-Bowl mit BBQ-Kichererbsen 129
- Rotwein-Pflaumen-Sauce 109

Mousse au Chocolat mit Himbeeren 28
Muffins: **Schokomuffins** 186
Mürbeteig
- Basisrezept 192
- Nussecken 194
- Herzhafte Pilztarte 198

N

Nudeln
- Champignon bourguignon 149
- Cremige Pasta mit Schwarzwurzeln 122
- Lasagne 160
- Miso-Ramen mit Dashi 103
- Nudeln mit Brokkolicreme 163
- Nudelsalat mit veganer Mayonnaise 156
- Pasta mit Linsenbolognese 68
- Tomatensugo mit Zucchini 121
- Vegane Spaghetti Carbonara 159

Nüsse
- Kokospudding mit Granola und Birne 110
- Nussecken 194

O

Omelett mit Seidentofu 19
Orangen-Tempeh-Gemüse mit Reis 81

P

Pancakes: **Vegane Pancakes** 20
Pannacotta: **Kokos-Pannacotta** 44
Paprika
Bratreis mit buntem Gemüse 169
Gemüsepizza mit Currysauce 210
Marinierter Teriyaki-Tofu aus dem Wok 84
Nudelsalat mit veganer Mayonnaise 156
Orangen-Tempeh-Gemüse mit Reis 81
Rührtofu mit Paprika 16
Pasta mit Linsenbolognese 68
Pesto: **Crushed Potatoes mit Pistazienpesto** 180
Petersilienwurzel: **Kartoffeleintopf mit Räuchertofu** 104
Pflanzendrink
Basisrezept Joghurt 51
Erdbeerkuchen mit Biskuitboden 197
Heiße Schokolade mit Sahne 43
Kokos-Pannacotta 44
Marmorkuchen 189
Schokopudding 113
Süßer Hefezopf 202
Vegane Pancakes 20
Pilze
Champignon bourguignon 149
Champignonrahmsauce 108
Champignon-Seitan-Braten 146
Frikassee mit Kräuterseitlingen 150
Herzhafte Pilztarte 198
Lasagne 160
Miso-Ramen mit Dashi 103
Pasta mit Linsenbolognese 68
Rührtofu mit Paprika 16
Vegane Spaghetti Carbonara 159
Pinienkerne: **Dinkelpfanne mit Grünkohl** 126
Pistazienkerne: **Crushed Potatoes mit Pistazienpesto** 180
Pizza: **Gemüsepizza mit Currysauce** 210
Pudding
Kokospudding mit Granola und Birne 110
Schokopudding 113

Q

Quark: **Basisrezept Sojaquark** 56
Quinoa-Bowl mit BBQ-Kichererbsen 129

R

Radieschen
Kalte Kartoffelsuppe Okroschka 120
Quinoa-Bowl mit BBQ-Kichererbsen 129
Ramen: **Miso-Ramen mit Dashi** 103
Reibekäse
Basisrezept 60
Gemüsepizza mit Currysauce 210
Reis
Black Bean Burger 136
Bratreis mit buntem Gemüse 169
Bunte Bowl mit Knuspertofu 89
Einfaches Curry 94
Frikassee mit Kräuterseitlingen 150
Kokos-Milchreis mit Zimtäpfeln 173
Marinierter Teriyaki-Tofu aus dem Wok 84
Orangen-Tempeh-Gemüse mit Reis 81
Rote-Bete-Risotto 166
Reis-Kokos-Drink: **Kokos-Milchreis mit Zimtäpfeln** 173
Remoulade, Basisrezept 25
Rote-Bete-Risotto 166
Rotkohl: **Bunte Bowl mit Knuspertofu** 89
Rotwein-Pflaumen-Sauce 109
Rührtofu mit Paprika 16

S

Saucen
Champignonrahmsauce 108
Rotwein-Pflaumen-Sauce 109
Sauerkraut, Basisrezept 143
Schokolade
Heiße Schokolade mit Sahne 43
Macadamia-Erdnuss-Cookies 190
Marmorkuchen 189
Mousse au Chocolat mit Himbeeren 28
Nussecken 194
Schokomuffins 186
Schokopudding 113
Schwarzwurzeln: **Cremige Pasta mit Schwarzwurzeln** 122
Seidentofu
Herzhafte Pilztarte 198
Omelett mit Seidentofu 19
Seitan: **Champignon-Seitan-Braten** 146
Sellerie
Kartoffeleintopf mit Räuchertofu 104
Kartoffelsalat mit Teigstangen 179
Lasagne 160
Pasta mit Linsenbolognese 68
Sesam-Leinsamen-Brot 209
Sojabohnen: **Basisrezept Tempeh** 78
Sojacreme
Champignonrahmsauce 108
Cremige Pasta mit Schwarzwurzeln 122
Frikassee mit Kräuterseitlingen 150
Kartoffelsalat mit Teigstangen 179
Spargel mit Sauce Hollandaise 118
Vegane Spaghetti Carbonara 159
Sojadrink
Basisrezept Buttermilch 48
Basisrezept Mayonnaise 24
Basisrezept Remoulade 25
Lasagne 160
Miso-Ramen mit Dashi 103
Omelett mit Seidentofu 19
Sojaquark, Basisrezept 56
Sojaschnetzel: **Lasagne** 160
Sonnenblumenkerne
Bratreis mit buntem Gemüse 169
Nudelsalat mit veganer Mayonnaise 156
Spargel
Frikassee mit Kräuterseitlingen 150
Spargel mit Sauce Hollandaise 118
Spinat
Buchweizensalat mit Ofengemüse 170
Crushed Potatoes mit Pistazienpesto 180
Einfaches Curry 94
Hirse-Kichererbsen-Salat mit Tofu 72
Quinoa-Bowl mit BBQ-Kichererbsen 129
Spitzkohl: **Marinierter Teriyaki-Tofu aus dem Wok** 84
Sprossen: **Orangen-Tempeh-Gemüse mit Reis** 81
Süßer Hefezopf 202
Süßkartoffeln
Buchweizensalat mit Ofengemüse 170
Süßkartoffel-Kokos-Suppe 176

T

Tahin (Sesampaste)
Basisrezept Hummus 71
Quinoa-Bowl mit BBQ-Kichererbsen 129
Tajine: **Jackfruit-Tajine mit Zitruscouscous** 135
Tarte: **Herzhafte Pilztarte** 198
Teigstangen: **Kartoffelsalat mit Teigstangen** 179
Tempeh
Basisrezept 78
Orangen-Tempeh-Gemüse mit Reis 81

Teriyaki: **Marinierter Teriyaki-Tofu aus dem Wok** 84
Tofu
Bratreis mit buntem Gemüse 169
Bunte Bowl mit Knuspertofu 89
Gemüsepizza mit Currysauce 210
Herzhafte Pilztarte 198
Hirse-Kichererbsen-Salat mit Tofu 72
Kartoffeleintopf mit Räuchertofu 104
Marinierter Teriyaki-Tofu aus dem Wok 84
Omelett mit Seidentofu 19
Rührtofu mit Paprika 16
Tofu-Tomaten-Aufstrich 87
Vegane Leberwurst 86
Tomaten
Black Bean Burger 136
Bunte Bowl mit Knuspertofu 89
Herzhafte Pilztarte 198
Hirse-Kichererbsen-Salat mit Tofu 72
Jackfruit-Tajine mit Zitruscouscous 135
Lasagne 160
Nudeln mit Brokkolicreme 163
Nudelsalat mit veganer Mayonnaise 156
Pasta mit Linsenbolognese 68
Rührtofu mit Paprika 16
Tofu-Tomaten-Aufstrich 87
Tomatensugo mit Zucchini 121

V

Vegane Leberwurst 86
Vegane Pancakes 20
Vegane Spaghetti Carbonara 159

W

Walnüsse
Black Bean Burger 136
Kokospudding mit Granola und Birne 110
Weißkohl: **Basisrezept Sauerkraut** 143

Z

Zucchini
Lasagne 160
Tomatensugo mit Zucchini 121
Zuckerschoten: **Gemüsepizza mit Currysauce** 210
Zugh: **Blumenkohlsteaks mit Zugh** 97

DER AUTOR

Dr. Arne Ewerbeck ist promovierter Physiker und Mit-Inhaber von Deutschlands erster veganer Kochschule Kurkuma in Hamburg. Auf seinem Blog The Veg[etari]an Diaries veröffentlicht er regelmäßig Rezepte und Beiträge rund um die (vegane) Ernährung mit einer extra Rubrik Food Science.

DIE FOTOGRAFIN

Katrin Winner fand ihre berufliche Erfüllung, indem sie ihre Leidenschaft für gutes Essen mit ihrer künstlerischen Kreativität verband. Seit 2018 betreibt sie ihr eigenes Atelier für Food- und Still-Life-Fotografie in München. An diesem Buch arbeitete sie zusammen mit den beiden Foodstylisten Sven Dittmann und Daniel Schwarz.

Der FEINSCHMECKER-SHOP und GU möchten Sie kulinarisch verführen

Wenn Sie Essen und Kochen lieben und Ihnen Qualität und Genuss am Herzen liegen, sind Sie bei uns richtig. Entdecken Sie die Welt der kulinarischen Köstlichkeiten in unserem Online-Shop – mit dem **15 Euro-Geschenkgutschein** von Der FEINSCHMECKER-SHOP und GU. Ohne Aufwand Favoriten bequem nach Hause bestellen und genießen!

Werde Teil unserer GU Community und sichere dir deinen Gutscheincode. Mehr Infos unter **www.gu.de/feinschmecker-shop**

- *Feinste Pasteten aus französischen Traditionsmanufakturen*
- *Saftiger spanischer Angelfisch aus nachhaltigem Fang*
- *Ausgezeichnete internationale Essige und Öle*
- *Elegante Spitzenweine aus erstklassigen Lagen*
- *Handgemachte Süßigkeiten mit Geschichte & Charakter*
- *Schokoladiger Kaffee und kräftiger Espresso*
- *Klassische und moderne Küchengeräte legendärer Marken*

*Bei einem Bestellwert ab 30 €.

LIEBE LESERINNEN UND LESER,

wir wollen Ihnen mit diesem Buch Informationen und Anregungen geben, um Ihnen das Leben zu erleichtern oder Sie zu inspirieren, Neues auszuprobieren. Wir achten bei der Erstellung unserer Bücher auf Aktualität und stellen höchste Ansprüche an Inhalt und Gestaltung. Alle Anleitungen und Rezepte werden von unseren Autoren, jeweils Experten auf ihren Gebieten, gewissenhaft erstellt und von unseren Redakteur*innen mit größter Sorgfalt ausgewählt und geprüft.

Haben wir Ihre Erwartungen erfüllt? Sind Sie mit diesem Buch und seinen Inhalten zufrieden? Wir freuen uns auf Ihre Rückmeldung. Und wir freuen uns, wenn Sie diesen Titel weiterempfehlen, in Ihrem Freundeskreis oder bei Ihrem Online-Kauf.

Sollten wir Ihre Erwartungen so gar nicht erfüllt haben, tauschen wir Ihnen Ihr Buch jederzeit gegen ein gleichwertiges zum gleichen oder ähnlichen Thema um.

KONTAKT ZUM LESERSERVICE

GRÄFE UND UNZER VERLAG
Grillparzerstraße 12
81675 München
www.gu.de

IMPRESSUM

GU ist eine eingetragene Marke der GRÄFE UND UNZER VERLAG GmbH, www.gu.de

ISBN 978-3-8338-8420-7
1. Auflage 2023

Projektleitung: Elke Sieferer
Lektorat: Kathrin Gritschneder
Korrektorat: Christin Strüver
Umschlaggestaltung und Layout: ki 36 Editorial Design, Sabine Krohberger, München
Herstellung: Petra Roth
Satz: Longo AG, Bozen
Reproduktion: Longo AG, Bozen
Druck und Bindung: Firmengruppe APPL, aprinta druck, Wemding

Ein Unternehmen der
GANSKE VERLAGSGRUPPE

Umwelthinweis:
Nachhaltigkeit ist uns sehr wichtig. Der Rohstoff Papier ist in der Buchproduktion hierfür von entscheidender Bedeutung. Daher ist dieses Buch auf PEFC-zertifiziertem Papier gedruckt. PEFC garantiert, dass ökologische, soziale und ökonomische Aspekte in der Verarbeitungskette unabhängig überwacht werden und lückenlos nachvollziehbar sind.

Die GU-Homepage finden Sie unter www.gu.de

Bildnachweis:
Niko Bünten: Autorenfoto; Claudia Klein: Illustrationen; shutterstock: Schriftzug Cover, Strukturhintergrund, Icons und Fotos auf S. 14, 34, 47, 55, 65, 67, 77, 99, 107, 131, 145, 155, 175 und 201; alle weiteren Fotos: Katrin Winner

Syndication: www.seasons.agency

Backofenhinweis
Unsere Temperaturangaben, wenn sie nicht anders angegeben sind, beziehen sich auf das Backen im Elektroherd mit Ober- und Unterhitze. Die Backzeiten können je nach Herd variieren. Details entnehmen Sie bitte der Bedienungsanleitung Ihres Backofens.